1 MONTH OF
FREE
READING

at
www.ForgottenBooks.com

By purchasing this book you are eligible for one month membership to ForgottenBooks.com, giving you unlimited access to our entire collection of over 1,000,000 titles via our web site and mobile apps.

To claim your free month visit:
www.forgottenbooks.com/free1239793

ISBN 978-0-428-50726-8
PIBN 11239793

LETTRES

ADRESSÉES

D'ALLEMAGNE

à M. Adolphe LANCE, architecte

PAR

M. VIOLLET-LE-DUC.

PARIS

B. BANCE, ÉDITEUR

13, RUE BONAPARTE, EN FACE L'ÉCOLE DES BEAUX-ARTS.

1856

LETTRES

ADRESSÉES

D'ALLEMAGNE

à M. Adolphe LANCE, architecte,

PAR

M. VIOLLET-LE-DUC.

I

Prague, septembre 1854.

Je vous ai promis, un peu inconsidérément peut-être, de vous envoyer d'Allemagne quelques opinions ou observations sur l'architecture et les monuments de nos voisins d'outre-Rhin. Malheureusement le temps me manque pour vous faire part de tout ce que j'ai vu depuis que j'ai quitté Strasbourg, et surtout pour mettre de l'ordre au milieu de ce chaos de notes et de souvenirs; cependant je dois faire honneur à ma parole. Je vous laisse d'ailleurs toute latitude pour couper ce qui vous semblerait du bavardage, ou pour mieux ordonner les quelques renseignements que je pêche un peu au hasard dans mon sac de voyage.

---

1 Extrait de l'*Encyclopédie d'Architecture*, journal mensuel, paraissant chaque mois par livraison de 10 planches gravées publiées sous la direction de M. Victor Calliat, avec texte de 16 colonnes in-4o rédigé par M. Adolphe Lance.

Mais d'abord (car il est bien entendu que nous causons ici, et que nous n'avons pas la prétention de faire une histoire des arts de l'architecture en Allemagne) permettez-moi de vous dire, à l'honneur des pays que nous venons de traverser, que nulle part, ni en Angleterre, ni en France, ni en Italie, je n'ai trouvé des gens plus désireux de voir admirer leurs monuments que les Allemands, Saxons, Bavarois, Badois, Bohémiens ; nulle part plus de facilités données aux étrangers pour les visiter en détail et les étudier, et plus de sympathies surtout pour les artistes ou amateurs. Permettez-moi encore d'ajouter que de Bâle et des villes du Rhin à Prague, en passant par Constance, le Tyrol, la Bavière, la Saxe, l'Autriche et la Bohême, je n'ai pas rencontré *un seul* architecte français. Il est vrai que nos confrères ne voyagent guère en France, et ils auraient tort de visiter l'Allemagne avant de connaître leur pays, car à tout prendre on ne rencontre pas de l'autre côté du Rhin un seul monument qui vaille nos beaux édifices religieux ou civils du moyen âge, de la renaissance ou contemporains ; ceci soit dit sans vouloir diminuer en rien la valeur de l'architecture allemande. Nous nous laissons volontiers entraîner, en France, à admirer ce qui est étranger ; ma remarque est donc faite par mesure de précaution, et pour que vous ne puissiez pas croire que mon admiration croissait en raison des distances parcourues, ce qui est assez fréquent chez les voyageurs.

Laissez-moi vous dire encore, avant d'entrer en matière et sous forme de préface, que j'ai été frappé en mettant les pieds sur le sol allemand, comme je l'avais été en Italie, de voir avec quel respect, avec quel amour tout filial ce pays conserve et sait faire valoir ce qu'il possède, avec quel soin il dissimule les défauts d'œuvres souvent médiocres, et finit par les faire passer pour excellentes à force de répéter qu'elles le sont et de les entourer d'une sorte de vénération. C'est là une qualité tellement opposée aux dispositions de notre pays, que j'ai dû, tout d'abord, la consigner dans mes notes. L'Allemagne croit aux traditions, et elle n'a pas cessé de les suivre. Elle croit au progrès sans jamais donner le coup de pied de l'âne aux œuvres qu'elle était habituée à respecter, et qui ont vieilli. C'est en parcourant les lignes de chemins de fer badois et bavarois que j'ai été amené à faire cette remarque. Les gares, les stations, les maisons de cantonniers sont en général bien conçues, bien construites, agréables à voir; en pierre dans les pays de pierres, en brique dans les pays de brique, en bois dans les pays boisés. Je vous citerai, entre autres garés, celle de Fribourg, qui est charmante. A côté de l'embarcadère est un cloître d'une assez bonne architecture quasi-rhénane, sous les portiques duquel s'ouvrent les salles d'attente, les divers services et le buffet, accessoire fort important, et qui n'est jamais négligé en Allemagne; au milieu de ce cloître, ou *impluvium*, si ce mot vous convient mieux, est une fontaine d'eau jaillissante entourée de fleurs et d'arbustes, où chacun peut aller se désaltérer. Loin de parquer les voyageurs comme des bestiaux de différentes espèces dans des salles fermées, barricadées, mal ventilées, on les laisse vaguer librement sous les portiques ou dans les salles, ou dans le restaurant, jusqu'au moment du départ du convoi. L'une des galeries du cloître s'ouvre directement sur l'embarcadère, et n'en est séparée que par de modestes grilles à hauteur d'appui. Là les parents ou les

amis des voyageurs attendus peuvent se promener à
l'aise, les voir descendre des wagons, leur serrer la
main, leur dire un mot d'amitié, ou parler affaires
s'ils ne font que passer. Rien qu'à cela on reconnaît
un pays civilisé. Connaissez-vous rien de plus sauvage
que cette habitude française de séparer les gens du
dehors et du dedans par un cordon sanitaire de triples
fermetures? Dans nos chemins de fer, une fois la
fatale porte des salles d'attente passée, sur laquelle je
proposerais d'écrire comme sur la porte de l'enfer du
Dante : « *Lasciate ogni speranza,* » le voyageur n'appartient plus ni au monde, ni à sa famille, ni à ses
amis; il subit une prison préventive, il devient la
chose de l'administration, tout comme le colis déposé
dans le magasin des bagages. J'avoue que souvent,
en arrivant par le chemin de fer de Lyon, dans la
gare de Paris, mon orgueil d'homme civilisé et de
Français a reçu de terribles coups en voyant des
pères, des mères, des maris ou des femmes, attendant
anxieusement derrière une haute barrière, embrasser
leurs enfants, leurs femmes ou leurs maris à travers
un grillage, car ceux-ci avaient à *finir leur temps*
jusqu'à la délivrance des bagages, ce qui dure, en
moyenne, une bonne demi-heure. La police contre
laquelle, en France, on a débité de si beaux discours,
et qui depuis que je me connais ne s'exerce que pour
protéger les honnêtes gens contre les filous, cette terrible police soupçonneuse, tracassière, telle que nous
la représentaient les journaux non vendus au pouvoir
(vieux style), cette police, dis-je, je ne l'ai jamais
trouvée nulle part, ni en France, ni en Angleterre, ni
en Allemagne, ni même en Italie; cette police, si
jamais elle a existé quelque part, a trouvé un asile

dans nos gares de chemins de fer. Je veux bien croire que cela est nécessaire, puisque cela existe; mais il est certain qu'en Allemagne, comme en Angleterre, les choses ne se passent pas ainsi, et je ne me suis pas aperçu qu'on s'en trouvât plus mal.

Pardon de la digression ; ainsi donc les gares des chemins de fer allemands sont des édifices dans lesquels on peut se promener, aller, venir, qu'on ait ou non la qualité de partant ou d'arrivant. Je vous citerai encore la grande gare de Munich, qui est certainement, et de beaucoup, le meilleur édifice moderne de cette ville. C'est un chef-d'œuvre de construction, et l'aspect en est des plus agréables. La charpente, en sapin, est composée de grands arcs formés de planches cintrées de plat, contre les parois desquels sont clouées de petites planches formant claveaux ; ces arcs prennent naissance à deux ou trois mètres seulement au-dessus du sol sur des piles en grès. Le système de leur assemblage, par la combinaison des planches de plat et de champ réunies, outre qu'il offre une grande résistance, est encore maintenu par une suite de croix de Saint-André horizontales qui empêche tout roulement. Des fenêtres en retraite ouvertes dans les murs des travées et au-dessus du premier appentis, dans un pan de bois bien combiné, et reposant sur les reins des arcs, éclairent largement le vaisseau. Une lanterne de ventilation longitudinale, avec chemin de service, est posée au sommet des arcs et termine le comble. Les salles d'attente et les services, buffets, etc., sont placés latéralement et s'ouvrent directement sur l'embarcadère, à peu près comme à notre gare de Lyon. Il faut ajouter à cela des portiques extérieurs pour les voyageurs descendant de voiture. Des bureaux de dis-

tribution de billets séparés par classes sont ouverts
aux extrémités de ces portiques. De légères charpentes en sapin bien taillées, avec des plafonds rampants suivant l'inclinaison des combles, rehaussés de
quelques filets de peinture, font à peu de frais une
jolie décoration. L'aspect général de cette gare est gai,
plaisant. Tout autour, comme partout en Allemagne,
sont tracés des jardins, dont les allées bien sablées,
les plates-bandes propres, et les fleurs brillantes, qu'on
laisse vivre et mourir sur leurs tiges, réjouissent la
vue. Vous citerai-je encore la gare de Lindau, dont le
bureau d'enregistrement des bagages est tout entouré
de fleurs, et dont l'embarcadère ouvre ses arcades sur
les rives du lac de Constance; et ces stations de Bavière
et du pays de Bade, toutes variées, proprement construites en briques, en grès rouge, en sapin apparent
bien coupé et assemblé, où jamais n'apparaissent ces
affreux enduits de plâtre et de mortier, que l'humidité
fait bientôt tomber, et qui donnent chez nous à ces
petits édifices publics un aspect misérable? Vous décri-
rai-je une à une ces maisons de cantonniers où tout
est si coquettement disposé que l'envie vous prend de
les habiter; dont les murs, dans ces pays humides où
le bois est commun, sont complétement revêtus, sous
la saillie des combles, de petits bardeaux de sapin
coupés en écailles qui brillent au soleil comme du
satin; tout entourées de capucines et de mauves, pro-
prettes, avec leurs perrons fermés de balustrades de
bois découpés, leurs cheminées de briques habilement
posées, leurs combles saillants sur les pignons, sou-
tenus par des liens ouvragés, leurs balcons s'ouvrant
au levant ou au midi, leurs écoulements d'eau ingé-
nieusement et simplement combinés, leurs puits ca-

chés sous des chèvrefeuilles, leurs appentis pour serrer les signaux, les outils, les lanternes, les pièces de rechange? Non, je vous ferai grâce de tous ces détails, où le génie allemand, soigneux, chercheur, ingénieux, quelque peu maniéré, si vous voulez, se révèle au voyageur qui court sur ces grandes lignes du centre de l'Europe. Contentez-vous pour cette fois de cette description très-sommaire des chemins de fer allemands, et souhaitez avec moi, si bon vous semble, que nous autres Français, trop dédaigneux pour ce qui se fait chez nous, et si disposés à vanter ce que nous ne possédons pas, nous empruntions pour cette fois aux Bavarois et aux Badois, et leurs habitudes de police, et leurs procédés de construction des gares, stations et travaux d'art des chemins de fer. Ce n'est pas l'argent qui nous manque; ces constructions variées, commodes, gracieuses ne coûtent pas plus cher que nos grosses constructions de plâtre, uniformes, qui, gâtent le pays où elles vont lourdement s'implanter, qui ne tiennent compte, sur une ligne de plus de quatre cents kilomètres, ni des matériaux de chaque contrée, ni du climat, ni des habitudes locales, et qui sont si bien faites sur le même patron, si uniformément laides, qu'on ne sait, en mettant le nez à la portière d'un wagon, si l'on se trouve à Brunoy ou à Beaune.

Je devais, avant de vous parler des monuments des villes allemandes, vous faire voyager; nous les examinerons une autre fois.

II

Innsbruck, septembre 1854.

Ce qui frappe le voyageur attentif qui passe brusquement de France en Allemagne, c'est l'ordre, le
calme, l'aspect de bien-être des populations d'outre-
Rhin. Lorsque l'on va au fond, lorsqu'on ne se con-
tente pas de cette surface, et qu'on lève le voile qui
couvre l'Allemagne comme d'un manteau tissé des
plus belles couleurs, on découvre bien des misères,
des plaies vives ; mais tout cela est soigneusement
caché aux yeux des touristes. Les Allemands ont sur
nous un grand avantage : nous nous plaignons amè-
rement chez nous des plus petites misères, nous étalons
nos infirmités aux yeux du monde, et, au fond, nous
nous en affectons médiocrement ; nous oublions vite
nos plaintes de la veille, pour nous donner le plaisir
d'en produire de nouvelles. Ce n'est pas ainsi qu'est
fait l'esprit allemand : il pare ses ruines, cache ses fai-

blesses, et tient à paraître la nation la plus prospère
de l'Europe. Le fait est que les Allemands ont plus de
cœur que d'imagination et surtout plus de fierté qu'on
ne leur en prête. Avec des ressources comparative-
ment faibles, ils tiennent à paraître un peuple riche
et puissant. Divisés en petits États, ils possèdent un
esprit national qui leur fait faire des efforts inouïs
pour surpasser les autres peuples de l'Europe en productions d'art. Vous ne voyez pas en Allemagne des
édifices laissés à l'abandon comme chez nous; mais
en revanche, vous voyez des États qui s'endettent et
se ruinent pour avoir de beaux musées, pour élever
des monuments capables de donner une haute idée
de leur civilisation et de leur richesse. Le roi Louis
de Bavière est le type de ce beau côté du caractère
allemand. Le roi Louis est le Périclès de la Bavière;
malheureusement les Ictinus et les Phidias lui ont
par trop fait défaut.

Nous sommes arrivés à Munich la nuit, par un beau
clair de lune; nous avons voulu voir la ville neuve
avant de souper. Rien n'est plus majestueux, à cette
heure, que la grande rue, entièrement élevée par le
roi Louis, qui commence au palais royal et se termine par les deux grands bâtiments des Universités.
Figurez-vous les palais de Florence, de Rome, de Milan alignés sur une voie large comme la rue de la
Paix et longue d'une demi-lieue. Nous croyions voir
réalisée une de ces toiles de fond de l'Opéra, sur lesquelles Cambon ou Séchan bâtissent à leur aise des
palais qui ne coûtent pas plus que des chaumières
ou des ruines. Mais dans quel trésor inépuisable,
me demandais-je, le roi de Bavière a-t-il trouvé
les sommes nécessaires pour élever, en quelques

années., ces immenses monuments qui, sans inter-
ruption, couvrent une partie de la ville de Munich? Le
palais royal avec ses portiques couverts de peinture,
et la loge des Lanzi de Florence, là Bibliothèque, des
ministères, l'église Saint-Louis, que sais-je, cent édifices qui se pressent côte à côte et ne laissent pas la
plus petite place aux habitations particulières. La lune
projetait de grandes ombres noires sur les soubassements robustes, sous les corniches saillantes... J'étais
émerveillé, abasourdi.... « Prenez garde, me dit notre
ami B., ne passez pas si près de ce bâtiment. — Et
pourquoi? demandai-je surpris. — C'est qu'il tombe
parfois de ces corniches si hardies que vous voyez là-
haut des platras de plusieurs mètres de longueur; ne
vous y fiez pas, elles sont en lattes recouvertes d'enduits. — Est-ce pour cela que nous ne voyons pas une
âme se promener dans cette belle rue? — Peut-être;
ici on aime mieux la brasserie, où l'on n'a rien à
craindre des corniches. Tenez, ajouta notre ami, en
portant la main sur un bandeau de soubassement
orné d'une *poste*, et en m'en mettant sur les bras un
morceau d'une longueur respectable, voici un échan-
tillon des palais de Munich.... Allons souper....—Ainsi
donc, dis-je, en posant soigneusement mon morceau
de bandeau le long du trottoir, tout cela est une décoration faite pour occuper les Bavarois pendant
quelques années? — Non, fit B., pas les Bavarois,
mais les étrangers, et les Français surtout, qui n'y
regardent pas de si près, et reviennent chez eux
raconter les merveilles de la rue Saint-Louis de
Munich. — Mais, ajoutai-je, ces belles boîtes de plâtre ne contiennent-elles rien?— Oh, que si fait; vous
verrez cela demain. Allons souper.... » Notre ami

avait raison, car le souper était excellent et l'hôtel fort bon.

Le lendemain, en effet, nous visitions la ville, alors éclairée par un soleil d'Italie. Je ne vous décrirai pas une à une toutes les richesses monumentales de Munich, où tout n'est pas lattes et plâtre, et où nous trouvâmes quelques bonnes et solides constructions de brique apparente et même de pierre. Il est certain que le roi Louis, pour obtenir de pareils résultats, a fait preuve d'une volonté, d'un amour pour les arts bien louables; et ce n'est pas à lui qu'il faut s'en prendre, si l'architecture de Munich, après tant d'efforts, n'offre que de pâles copies mal comprises de tous les styles et de toutes les époques. Je me souviens, à ce sujet, que je fus présenté, il y a quelques années, à un célèbre architecte bavarois; naturellement, la conversation s'engagea sur les arts, sur les styles propres aux architectures allemande et française, sur les écoles, leurs mérites et leurs défauts; sur l'étude de l'antiquité, du moyen âge; sur l'application de ces études aux besoins de notre temps. « J'ai longtemps *fait*, me dit mon interlocuteur, en finissant notre conversation, *de l'architecture gothique;* mais, tout bien considéré, je ne *fais plus que de l'architecture grecque.* » Tout comme on dirait : « Je me suis décidé à porter de la flanelle ! » A Munich, j'ai compris toute la vérité de cette profession de foi. En effet, vous voyez là, à côté du palais Pitti, un monument roman italien, byzantin; plus loin, un édifice romain, puis du grec, puis une imitation des loges du Vatican, puis du XIVe siècle florentin, puis un palais de Venise, puis un château gothique anglais, puis une basilique primitive, puis une église copiée

sur celle de Fribourg ; tout cela bâti indifféremment
en brique apparente ou enduite, en pierre, en moël-
lou. Quant à de l'architecture bavaroise, quant à de
l'architecture soumise aux besoins, appropriée aux habitudes de la population ou au climat, aux matériaux,
il n'en est pas question. Il semble, quand on visite
l'un après l'autre les immenses monuments élevés
par le roi Louis, que l'on a d'abord voulu copier tel
ou tel édifice connu, et que, la copie terminée tant
bien que mal, on a cherché une destination au monument. Que fait, par exemple, la loge des Lanzi de
Florence, au bout de la rue Saint-Louis? Non-seulement elle n'abrite pas des lansquenets, mais elle ne
sert même pas de portique au corps de garde du palais, situé en face, de l'autre côté de la rue. Si encore
cette loge était fidèlement copiée, on pourrait la con-
sidérer comme un objet d'art, la reproduction d'un
chef-d'œuvre ; mais ce qu'il y a de pis c'est qu'on ne
peut se méprendre sur l'intention de l'architecte ; ce
n'est pas une inspiration, c'est une copie, seulement
elle est mauvaise, ou inexacte si l'on veut. L'orne-
mentation est d'un goût équivoque et lourdement
sculptée, les couronnements mesquins. Les profils,
déjà d'un style bâtard à Florence, sont encore abâtar-
dis à Munich. Quand on copie, la première condition
est de bien copier ; quand on s'inspire, faut-il que le
produit de l'inspiration ne soit pas un pastiche mal
compris. Or si l'on nous donne la loge des Lanzi de
Munich pour une copie, nous dirons qu'elle est trop
au-dessous de l'original et qu'elle n'est pas exacte ; si
l'on nous la présente comme une inspiration, nous
dirons qu'on ne peut honorer de ce titre une copie
inexacte, et dans laquelle on a fait entrer quelques

éléments étrangers au monument type, qui ne font
que lui ôter son caractère sans y ajouter une qualité.

La Bibliothèque, qui est un des monuments les plus
importants de la rue Saint-Louis et qui renferme, par
parenthèse, quelques magnifiques manuscrits, et des
couvertures de livres d'heures ou de missels de
la plus grande beauté, en ivoire et en vermeil; le
bâtiment de la Bibliothèque, dis-je, est occupé en
grande partie par un escalier immense, ce qui paraît
étrange dans un édifice peu fait pour recevoir la
foule. Avant de rencontrer un rayon de livres, vous
traversez des vestibules portés sur des colonnes de
marbre, cet escalier gigantesque qui à lui seul est un
grand monument. Puis, si vous entrez enfin dans les
galeries destinées aux livres, vous voyez de grandes
pièces divisées par des petits balcons en bois, coupant
les fenêtres dans leur hauteur, ce qui n'est ni heureux
comme aspect, ni fort commode. Mais il fallait faire
de l'architecture, donner aux extérieurs un aspect
grandiose qui n'est guère en rapport avec ces subdi-
visions intérieures. Ce n'est pas là une bibliothèque,
c'est un vaste palais approprié à une bibliothèque.
La Pinacothèque ancienne et la Pinacothèque nouvelle sont mieux comprises, les tableaux y sont bien
placés, bien éclairés; on y voit, outre les grandes
salles éclairées par le haut pour les grands tableaux,
de longues suites de petites pièces éclairées latéralement, et formant une succession de murs de refend
très-propres à l'exposition des tableaux de chevalet.

Dans la Pinacothèque nouvelle j'ai trouvé même
une disposition charmante et tout à fait neuve, c'est
une salle carrée entourée de portiques; des pein-

tures exécutées sur les murs, et qui représentent des vues de Grèce et de Sicile à fresque, sont éclairées par des jours pris au-dessus d'un plafond bas qui couvre le centre de la salle sur les colonnes. Ce parti, qui produit l'effet obtenu dans les panoramas dont tout le tour est lumineux et le centre obscur, est très-favorable à la peinture ; c'est un endroit agréable, tranquille, retiré, où l'on aime à se reposer.

La célèbre basilique de Munich n'est qu'une flasque imitation de l'intérieur de l'église de Montréale, près Palerme ; les peintures sur fond d'or ne peuvent jamais produire l'effet des mosaïques ; les grands fonds d'or de la mosaïque byzantine ont quelque chose de solide, d'inégal et de chatoyant à l'œil, que la feuille d'or appliquée sur le mur ne saurait rendre. La sculpture des chapiteaux de marbre blanc de ce splendide édifice manque totalement de caractère ; cela ressemble à du roman de nos mouleurs de pâtes. La peinture décorative gêne les formes de l'architecture au lieu de les faire valoir ; comme détail elle est vulgaire, pauvre d'invention, et rappelle ces ornements prétendus byzantins adoptés il y a quelques années par l'entreprise des pompes funèbres de Paris, et dont on retrouve encore quelques débris fanés dans les tentures dont on *décore* nos églises pour ces sortes de cérémonies. Comme couleur, aucune entente de l'harmonie, aucun parti pris ; ce qui est vert pourrait aussi bien être rouge ou bleu. Nos bons papiers peints de Paris valent, à mon sens, beaucoup mieux que cela et comme composition et surtout comme entente de l'harmonie des tons.

Je voudrais bien vous dire quelque chose de la grande peinture monumentale de Munich, mais le courage me manque. Si le défaut d'originalité est choquant en architecture, il l'est bien plus encore en peinture. Les grandes peintures exécutées par Cornélius dans l'église Saint-Louis m'ont paru au-dessous du médiocre; c'est gros, c'est soufflé, mal dessiné, d'une couleur désagréable, et cela n'est que la charge des grands maîtres de l'école italienne du xvie siècle, et surtout de Michel-Ange : or supposez ce que peut être une charge colossale de Michel-Ange ! Michel-Ange exagéré, grossi, Michel-Ange moins l'âme terrible du maître, un Michel-Ange qui fait de gros yeux et de grand gestes impossibles pour faire peur aux petits enfants ! Je vous ai déjà dit, je crois, que les Allemands, qui sont doués d'ailleurs de si belles et nobles qualités qui les font aimer toujours et admirer quelquefois, manquent complétement de ce que nous appelons l'imagination; par malheur, s'ils prétendent à une qualité, c'est précisément à celle-là; mais comme c'est peut-être la seule au monde que Dieu ne permette pas d'acquérir par le travail, l'étude ou la persévérance, il s'ensuit que l'imagination des artistes allemands n'est qu'un effort constant, une tension continuelle de toutes leurs facultés vers un but qu'ils n'entrevoient même pas; ne pouvant émouvoir, ils cherchent à étonner ou à choquer le bon sens pour faire de l'effet; ils prennent l'exagération pour la grandeur, la brutalité pour la puissance, l'exécution négligée pour le cachet du génie insoumis. Ce travers chez une nation si bien douée d'ailleurs, est une tache qui rend toutes les œuvres d'art modernes insupportables à voir à Munich : l'artiste veut se faire terrible, il n'est que ridicule. Les rochers amoncelés de la façade du palais

Pitti de Florence peuvent n'être pas du goût de tout le monde; mais ce sont de vrais rochers fort durs, et qui ne donnent pas l'envie de plaisanter. Ces mêmes rochers en plâtre ou en ciment, qu'on écorne en passant avec sa canne, font rire. Il nous est impossible de prendre au sérieux les artistes qui jouent ainsi au robuste. La chapelle Sixtine du Vatican saisit tout le monde, artistes et bourgeois, grands et petits; car on sent là, indépendamment du goût plus ou moins pur de l'homme, une telle puissance, la marque d'un génie si bien doué, une énergie si pleine de passion et de grandeur, qu'on se trouve petit, mesquin, au milieu de cette peinture surhumaine. J'avouerai même que pour moi, qui ne suis pas, tant s'en faut, un admirateur fanatique du peintre florentin, je n'ai jamais pu lever les yeux vers la voûte de la Sixtine sans éprouver un certain sentiment d'effroi, cette terreur qu'inspire tout phénomène, toute chose en dehors de la voie naturelle, cette impression de froid que l'on ressent, lorsque enfant on vous fait voir un monde d'animaux inconnus à travers un microscope. Mais il faut convenir qu'à Michel-Ange seul est permis de causer ces sensations, qui sont, à notre avis, étrangères à l'art véritable, et qui tiennent au génie exceptionnel de cet homme. Vouloir répéter ce drame unique, c'est vouloir se faire rire au nez.

Pourquoi les peintres allemands prétendent-ils, à toute force, paraître autres qu'ils ne sont? Le naturel est une si belle qualité dans les productions d'art! Que ne vont-ils regarder les charmants tableaux de l'école allemande qui tapissent les murs de la Pinacothèque ancienne, peintures fraîches, tranquilles, d'une exécution souvent maniérée, mais pleine de

charme et d'une grâce qui sent son terroir ? Les
Holbein, les Lucas de Leyde, les Albert Durer, les
Lucas Kranach, les Burgkmair, les Hemling et tant
d'autres, seraient bien surpris s'ils voyaient les grands
gestes, les figures terribles, les airs effarouchés
ou graves jusqu'à la raideur, des personnages peints
à Munich par leurs successeurs; cela va si mal
avec les habitudes allemandes! Heureusement j'ai
pu me reposer de cette passion à froid, de ces airs
de croquemitaine, dans la collection réunie par
le roi Louis, au milieu des plus charmants tableaux
de la vieille école allemande, si soigneuse, si
touchante parfois, quand elle se laisse aller à ses
instincts, et qu'elle n'embouche pas les trompettes
du jugement dernier. Ajoutons que ces chefs-d'œuvre
sont exposés dans de bonnes salles, proportionnées à
la grandeur des tableaux ; qu'on les voit tout à l'aise,
et que votre qualité d'étranger vous permet de les
examiner, de prendre des notes, des croquis, sans
que personne ne songe à vous déranger ; que l'hospi-
talité dans les musées est complète, libérale, simple ;
que les catalogues sont traduits en français; que la
confiance des agents chargés de la surveillance est
entière et fait le plus grand honneur au public bavarois et au gouvernement qui montre si généreuse-
ment à l'Europe les richesses qu'il possède.

III

Prague, septembre 1854.

Si les monuments et les peintures modernes de
Munich m'ont paru fort au-dessous de leur réputation, il n'en est pas de même du pays qu'on traverse
pour arriver dans la capitale de la Bavière, quand on
suit l'itinéraire que nous avons pris. Soyez tranquille,
je ne vais pas vous faire des descriptions de paysages,
de montagnes et de glaciers ; cela est fort beau à
parcourir, ce sont des souvenirs que l'on garde pour
soi ; car ce n'est pas avec une feuille de papier et de
l'encre que je pourrais vous faire sentir le parfum des
forêts de mélèzes, vous peindre ces sommets déchar-
nés, rougis par le soleil couchant, vous faire entendre
le bruit des torrents, et respirer cet air si pur des
lieux élevés : je m'en tiens aux villes.

A Schaffhausen, qui, par parenthèse, est une ville
fort intéressante, et défendue par une citadelle du

commencement du xvie siècle qui m'a semblé assez
curieuse pour être étudiée avec soin; à Schaffhausen, dis-je, on prend à neuf heures du matin le
bateau à vapeur qui remonte le Rhin et vous laisse
à Constance vers une heure de l'après-midi. Le
premier monument public qui attire forcément
l'attention du voyageur, en entrant dans le petit
port de Constance, est une douane, bâtie à la fin
du xive siècle; une inscription de l'époque, placée
au dessus de la porte d'entrée, fait remonter sa construction à 1388. C'est peut-être la seule fois de ma
vie qu'il me soit arrivé d'entrer dans une douane
sans gémir sur cet usage barbare qui fait subir aux
voyageurs une visite domiciliaire à chaque frontière.
J'ouvris bien vite ma malle et me mis à regarder la
salle du rez-de-chaussée, dans laquelle on nous avait
introduits, en laissant les douaniers maîtres de retour-
ner mes effets tout à loisir. Il faut croire que ce procédé flatta ceux-ci, car l'un de ces employés, voyant
ma préoccupation, laissa la valise pour nous dire
que dans ce bâtiment même s'était tenu le fameux
concile de Constance, où Jean Hus avait été jugé et
condamné. Je ne sais si notre homme remplit parfaitement ses fonctions de douanier, mais il est certain
qu'il porte une affection toute filiale à son monument,
et prit le soin de nous faire remarquer (ce qui est
vrai) que rien, depuis le xive siècle, n'avait été ajouté
ni retranché à ses dispositions premières. Ce bâtiment
est en effet un des plus curieux édifices que l'on puisse
voir, car je ne sache pas qu'il existe nulle part une
douane aussi ancienne et aussi bien conservée. Le
rez-de-chaussée se compose d'une grande salle divisée en trois nefs par deux rangs de poteaux de chêne

qui n'ont pas moins de quatre-vingt-dix centimètres
d'équarrissage. Ces poteaux, coupés en fourchettes à
leur extrémité supérieure, viennent porter et moiser
de fortes poutres, encore soulagées par des corbeaux
et sur lesquelles sont posées les solives du plancher.
Des chambres s'ouvrent sur cette salle, d'un côté, et
sont destinées aux bureaux. A gauche de la salle
monte un large escalier droit donnant sur le dehors,
conduisant au premier étage, divisé de même en trois
nefs par deux rangs de poteaux moins gros, mais
disposés comme ceux du rez-de-chaussée, avec arêtes
abattues sur les angles. Dans cette salle de premier étage
se tint en effet le concile de Constance en 1414. C'est
par le fait un immense magasin dans lequel on voit
çà et là des objets étranges abandonnés depuis des
siècles et conservés religieusement. J'y ai vu entre
autres un char de la fin du xvᵉ siècle, ce que l'on
appelait alors une *coche* ou voiture de voyage. Peut-
être ce chariot est-il resté en fourrière depuis cette
époque, et attend-il que ses propriétaires viennent le
réclamer. Dans la crainte que pareille chose n'arrive,
je me suis empressé de le dessiner. Ce fait à lui seul
montre jusqu'à quel point les Allemands sont conservateurs. Posez un clou sur un appui de fenêtre, en
Allemagne, vous reviendrez six mois après; on aura
balayé cent fois l'appui, mais le clou y sera encore,
moins rouillé que le jour où vous l'aurez apporté.
Ce serait un bien grand progrès, si l'on pouvait, dans
notre pays, inoculer un peu de ce respect pour ce qui
est. Il faut admettre que cette qualité est dans le
sang allemand. Les enfants (ce fléau de nos monuments) les chiens eux-mêmes, probablement entraî-
nés par l'exemple, respectent les édifices. En Alle-

magne, pas de crayonnages inconvenants sur les
murs, pas de cris désordonnés sous les portails des
églises, pas de gamins juchés sur les bornes ou sur
les saillies des soubassements des édifices, pas de
pierres jetées dans les vitraux ou contre les sculptures. Je le répète, les chiens, plus paisibles que chez
nous, plus soucieux du repos public, n'aboient qu'à
la dernière extrémité, et semblent vous demander du
regard la permission de se livrer à cet exercice si naturel à leur race.

Pour en revenir à la douane de Constance, un grand
comble couvert en tuiles plates couronne la salle du
premier étage ; il est accompagné, à sa partie inférieure, d'une galerie de bois en encorbellement, posée comme les hourds des anciennes fortifications ;
cette galerie est formée de planches verticales avec
couvre-joints , planches qui sont découpées par le bas,
de façon à former une riche dentelure ; de petites
meurtrières ouvertes de distance en distance font
supposer que cette galerie, donnant sur le port, pouvait au besoin servir de défense. Au-dessus d'elle, aux
deux angles du bâtiment, faisant face au dehors de la
ville, sont posées en diagonale et en encorbellement
sur les hourds, deux bretèches également tapissées
de planches verticales et flanquant ces angles. Les
bretèches pénètrent dans le comble. Ma description,
qui ne vaut pas un croquis, doit vous faire reconnaître
cependant tout l'intérêt qui s'attache à ce monument
public, laissé tel que le XIVe siècle l'a élevé ; car les
hourds en planches de sapin sont intacts et datent de
la construction primitive. Les richesses monumentales que possède la ville de Constance ne se bornent
pas là. Une partie des anciennes enceintes fortifiées

existent encore avec leurs tours garnies de leurs
hourds en bois. Je vous citerai entre autres celle qui
ferme le pont traversant le Rhin. Ce pont est couvert
comme la plupart des ponts en Suisse, et la tour est
munie de ses défenses du xve siècle. Sur beaucoup de
points les anciennes courtines ont été renversées;
mais on a eu le soin de laisser debout les portes et les
tours, qui ont, la plupart, conservé leurs couronnements de bois. L'aspect de cette ville, dont la silhouette
est découpée par les combles de ces restes de l'enceinte,
est des plus pittoresques. La cathédrale, que malheureusement on s'occupe à gâter, sous le prétexte de la
restaurer, est intéressante; elle contient une grande
quantité de grilles en fer forgé et en tôle repoussée
des xve et xvie siècles, d'un très-beau travail; on les
remplace en ce moment par des grilles en fonte de fer,
d'un style *gothique*, rappelant les modèles exposés sur
le quai de la Ferraille. En général, les restaurations
des édifices du moyen âge tentées en Allemagne sont
désastreuses. Lorsque nous sommes passés à Bâle, on
avait déménagé la cathédrale et les ouvriers s'en
étaient emparés. Cette cathédrale, comme vous savez,
est fort curieuse : on retaillait les parements, les moulures, on *rafraîchissait* les chapiteaux au ciseau ; cela
est pénible à voir. Nous savons, par expérience, combien il faut être circonspect lorsqu'on veut juger les
restaurations exécutées sur d'anciens monuments.
L'architecte n'est pas toujours le maître de suivre ses
goûts et d'appliquer le résultat de ses recherches;
mais retailler ou gratter n'est pas restaurer, c'est mu-
tiler : autant vaudrait laver et brosser une fresque de
Raphaël, que de retondre les parements, les moulures
et les sculptures d'un ancien édifice. Les cathédrales

de Mayence, de Bamberg, de Spire, n'ont pas été plus heureuses dans les restaurations qu'elles ont subies ; mais nous y reviendrons.

La cathédrale de Constance contient, outre les grilles dont je viens de vous parler, des stalles du xvᵉ siècle assez belles, peintes à l'huile, trois couches couleur chamois; à la porte occidentale, des ventaux en chêne sculpté d'un beau travail : ces ventaux sont divisés par panneaux représentant en relief l'histoire de la Vierge et la passion de Notre-Seigneur. L'un d'eux laisse voir dans sa partie supérieure une demi-figure d'homme, grandeur naturelle, au bas de laquelle est sculptée cette inscription : « *Symon. Haidef. artifex me fecit* 1470. » Le sculpteur et menuisier Symon Haidef n'a pas craint de se donner la place d'honneur; vous le voyez, ce n'est pas par la modes-tie que brillaient les artistes nos voisins, pas plus en Allemagne qu'en Italie. Tout le monde, à Constance, connaît Symon, le menuisier du xvᵉ siècle. Combien y a-t-il de personnes à Paris qui sachent que la Sainte-Chapelle a été bâtie par Pierre de Montereau ? Et com-bien de fois n'ai-je pas entendu dire que l'église Saint-Ouen de Rouen avait été bâtie par les Anglais, que Chambord était l'œuvre de Rossi, Gaillon dû à Jean-Joconde, etc. ?

Je vous parlerai encore, avant de quitter Constance, d'un monument du plus grand intérêt. Dans les dépen-dances, en partie conservées, du cloître de la cathé-drale est comprise une salle capitulaire du xivᵉ siècle, au milieu de laquelle s'élève un édicule du xiiiᵉ siècle, d'un style gothique italien, conservé et reposé là. Cet édicule est un simulacre du saint sépulcre; il se com-pose d'une rotonde à jour décorée d'arcatures supportées par des colonnettes. A l'extérieur, au pourtour, sont posées, contre les piédroits, des statues demi-nature d'un beau travail, représentant l'Annonciation, la naissance du Christ, l'Adoration des bergers et des mages; au-dessus les douze Apôtres. À l'intérieur (car on peut entrer dans cette rotonde qui a environ 2 ^{m},00 de diamètre) sont d'autres statues représentant un ange, les trois saintes femmes venant visiter le tombeau du Christ, avec des cassolettes dans leurs mains, deux groupes de soldats endormis, et un homme costumé en docteur, ayant devant lui une table sur laquelle sont posés des vases; il remue quelque chose dans l'un d'eux; dans sa main gauche il tient une cuiller large et ronde; il est coiffé d'un bonnet carré. Après lui vient une femme qui le montre du doigt à deux autres femmes tenant des vases fermés. Je laisse à plus savant que moi le soin d'expliquer ce singulier sujet, que je signale à l'attention des archéologues. Ces dernières figures sont, comme celles du dehors, demi-nature. N'est-ce pas un miracle que ce monument ait été laissé là, et je vous demande si en France, en considération de son peu d'utilité, on ne l'aurait pas démoli pour le jeter aux gravats, ou transporté dans un musée?

A propos de musée, je vous dirai qu'en Allemagne les musées ne renferment guère que des tableaux, des bijoux, des armes, des sculptures antiques, rarement des débris de monuments, par la raison que les monuments n'ont pas été démembrés ou dépouillés de leurs richesses comme chez nous. Nous pourrions encore trouver en ceci un bon exemple à suivre, s'il n'était déjà bien tard. Les Allemands ont cependant la passion des collections, mais

cette passion ne va pas jusqu'à détruire les monuments
ou les piller pour se satisfaire, et ils sont sous ce rapport beaucoup moins barbare que nous, ou si vous
voulez, ils raisonnent plus juste. En France, un conseil
municipal songe un matin que tel édifice gêne la
circulation, qu'il est vieux, qu'il demande un entre-
tien perpétuel, qu'il n'a pas d'utilité : on vote sa démo-
lition. Quelques amateurs réclament, on fait des
démarches, on noircit beaucoup de papier, et en fin de
compte le monument est jeté bas. Il n'est pas plus tôt
à terre, que l'on pleure sur les fragments mutilés qui
jonchent le sol; on les ramasse, on les range dans un
coin; puis six mois plus tard, ce même conseil municipal, qui trouvait trop cher de ne dépenser que 500 fr.
par an pour entretenir le vieil édifice, vote quelques
centaines de mille francs pour bâtir.... un musée,
dans lequel on viendra, toujours en gémissant, dépo-
ser les fragments du monument démoli. C'est à peu
près là l'histoire de tous nos musées provinciaux. Les
Allemands trouvent plus simple et moins dispendieux
de laisser leurs édifices debout, et s'ils ont des musées,
ils n'y abritent que des objets meubles qui ne sau-
raient trouver de place ailleurs. Ils seraient incapables
d'ailleurs de *composer* des monuments authentiques
en rassemblant des débris pris à droite et à gauche,
ainsi qu'on le faisait à Paris il y a une cinquantaine
d'années, avec une adresse si remarquable, que la
science archéologique n'a pu parvenir encore à faire
revenir l'opinion publique sur leur compte. Témoin le
célèbre tombeau d'Héloïse et d'Abeilard, qui est et restera tel, quoiqu'il soit fait avec des fragments tirés d'un
tombeau des enfants de saint Louis, deux statues prises
je ne sais où, une arcature provenant du bas-côté de

l'église de Saint-Denis, et quelques compléments modernes; si bien que, dans ce tombeau d'Héloïse et d'A-
beilard, il ne manque qu'une chose, c'est un fragment
du XIIᵉ siècle, c'est-à-dire de l'époque de ces deux personnages célèbres. Ce n'est pas à dire que nos voisins
d'outre-Rhin ne cherchent parfois à en imposer au
voyageurs; mais leurs procédés sont trop naïfs pour
qu'on s'y laisse prendre en y regardant de près, ou
bien, ce qui arrive souvent, ils sont dupés les premiers de leurs innocentes tromperies.

Pour en finir avec la ville de Constance, je ne vous
dirai qu'un mot des immenses établissements, sortes
d'entrepôts que renferme cette ville, autrefois floris-
sante, aujourd'hui presque déserte. On voit encore çà
et là des magasins à plusieurs étages qui datent du XVᵉ
siècle, couverts de charpentes immenses et fort belles.
Beaucoup de pignons de ces magasins sont construits
en pans de bois, dans lesquels de nombreuses ouvertures munies de grues sont ménagées pour introduire les
marchandises. Tout cela est à peu près abandonné,
mais personne ne songe à démolir ces vieux témoins
d'une ancienne prospérité. L'église du couvent des
dominicains, dans lequel Jean Hus fut détenu pendant son procès, existe encore : c'est une grande nef
percée de longues fenêtres, et d'une excessive sim-
plicité.

En traversant le lac de Constance sur des bateaux
à vapeur qui se chauffent au bois, nous avons été
débarquer à Lindau, où j'ai trouvé d'abord la charmante gare du chemin de fer de Munich, dont je vous
ai entretenu, puis des restes de murailles et une tour
du XVᵉ siècle, fort curieuse, complétement munie de
ses défenses supérieures et recouverte d'un comble en

tuiles vernissées. De Lindau, en traversant un des plus beaux pays que l'on puisse voir, le chemin de fer bavarois nous a laissés à Kempten, jolie petite ville autour de laquelle j'ai visité quelques centaines de mètres de murailles du XVe siècle, garnies de leurs hourds doubles en bois, et de leurs braies avec guérites en avant. Autrefois, un château fort, dont il ne reste que quelques débris, commandait cette ville ; détruit une première fois pendant la guerre de trente ans, il fut définitivement rasé à la fin du siècle dernier par les Français, nous a-t-on dit. Mais notez ceci, une fois pour toutes, c'est que si l'on voit une ruine en Bavière, dans le Tyrol, sur les bords du Rhin ou en Saxe, on ne manque jamais de vous dire qu'elle est l'œuvre des Français, tant notre réputation est bien établie.

IV

Prague, septembre 1854.

Nous avons suivi pour aller de Kempten à Innsbruck
la plus admirable route qu'il soit possible de parcourir
à travers les montagnes du Tyrol, couvertes encore de
leurs immenses forêts de sapins et de mélèzes. Çà et
là, dans les vallées, sur les rampes des collines, on
rencontre des hameaux bien bâtis, propres, qui, malgré l'excessive pauvreté de ce pays, n'ont pas l'aspect
misérable de la plupart de nos villages français.
La plus grande partie de ces constructions sont
en bois, non point composées de membrures recouvertes de planches ou de torchis, mais de poutres parfaitement équarries, posées jointives les unes sur les
autres, chevillées ensemble et réunies à leurs extrémités au moyen d'assemblages à queue d'aronde, exé-
cutés avec un soin et une perfection rares. La forme
des maisons est celle si bien connue du chalet avec son

toit plat, saillant et soutenu du côté du pignon de face
par des combinaisons de liens découpés, chanfreinés,
sculptés même parfois. Beaucoup de ces maisons de
paysans datent du xviie siècle, et celles-là ne sont pas
les plus dégradées ; sous la saillie antérieure du toit
est posé un balcon au premier étage, formant portique couvert devant les ouvertures du rez-de-chaussée. Presque toutes ces maisons sont orientées : l'entrée principale s'ouvrant au sud-est, tandis que le
pignon postérieur, faisant face au nord-ouest, est
complétement fermé et souvent garni de bardeaux
posés sur le mur formé de poutres. Souvent le rez-
de-chaussée est en maçonnerie et le premier étage
seul est en bois. Nous sommes entrés dans quelques-
unes de ces habitations, qui sont généralement bien
tenues à l'intérieur, propres, garnies de meubles fort
simples en sapin, un bahut, une armoire, des bancs et
des tables, lavés et blanchis. Je vous certifie que beaucoup de ces habitations font envie, et je connais bon
nombre de petites maisons de campagne des environs
de Paris qui sont loin de présenter un abri aussi commode et sain. Ces murs en poutres équarries garan-
tissent parfaitement les intérieurs du froid, de l'humidité et de la chaleur, ils forment de beaux parements
sains, droits, propres, d'où s'exhale une douce odeur
de mélèze ; les fenêtres, petites, bien faites, nombreuses, ventilent et éclairent les deux ou trois
grandes pièces composant chaque étage. Rien n'est
plus gai que ces larges balcons s'ouvrant sous la saillie des combles, abrités à droite et à gauche par la
prolongation des murs goutterots, portés sur des
poteaux de bois façonnés en balustres ou chanfreinés
sur les arêtes. Le sapin, laissé apparent à l'extérieur

comme à l'intérieur, sans peinture, ou avec quelques
filets noirs, rouges et blancs, prend une belle teinte
bistre dans les endroits abrités, gris-perle sur les parties exposées au vent de pluie, ce qui donne à ces
maisons un aspect des plus pittoresques, surtout si,
comme il arrive souvent, des rosiers grimpants, des
lierres ou de la vigne vierge viennent s'accrocher aux
colonnes et aux balustrades des balcons. Deux troncs
d'arbre creusés et terminés par des têtes d'animaux
bizarres servent de chéneaux et de gargouilles à la
chute des rampants du comble. Je voudrais vous
décrire les assemblages précieux, les moyens simples
et solides des constructions appliquées à la charpenterie de ces habitations ; mais il faudrait joindre des
croquis à ma lettre. Je vous dirai seulement qu'il y a
là de bons exemples à prendre, des combinaisons
ingénieuses, tous les éléments d'un charmant recueil
à l'usage des constructeurs ruraux ; je m'étonne que
cela ne soit pas encore fait. Ce que j'ai vu publier
sur les chalets est fort niais, ne donne pas la véritable
construction de ces habitations, qui nous ont charmé.
Les plus anciennes maisons du Tyrol sont parfaitement exécutées, les bois n'ont joué ni fléchi sur
aucun point, leur aspect est d'aplomb, net, régulier
et ne rappelle en rien les chalets déjetés que nous ont
donnés les peintres de paysage, dans le temps où le
paysage aux chalets était à la mode. Un architecte
qui voudrait passer quelques mois dans le Tyrol (et
cet architecte-là serait fort heureux)—pourrait nous
rapporter un traité de la charpenterie de ce pays
qui étonnerait fort nos experts charpentiers. Dans
tout cela, pas un boulon, pas une vis, pas un étrier,
pas un lien en fer, et je le répète, il est difficile de

trouver des assemblages plus parfaits, des constructions mieux conservées.

Il faut tout dire : l'essence employée, particulièrement dans les constructions les plus anciennes, est
du mélèze, qui résiste beaucoup mieux aux agents extérieurs que le sapin, et ce bois si bon et si fin est mis
en œuvre avec une entière connaissance de sa force :
nulle part il n'y a excès de matière, les équarrissages
sont faibles, mais toutes les portées sont habilement
soulagées par des liens, des croix de Saint-André; les
gauchissements sont maintenus par des goussets;
c'est enfin au système de charpente adopté, et non à
la grosseur des bois, que ces habitations doivent leur
solidité et leur conservation extraordinaire dans un
climat rude, humide, où les variations de température
sont brusques et fréquentes. Il serait d'autant plus
utile d'aller dessiner et de rapporter ces exemples
nombreux de charpenterie, que les Tyroliens d'aujourd'hui commencent à perdre la tradition, et font
déjà, de côté et d'autres, certaines maisons vert-pis-
tache ou roses, avec chéneaux en fer-blanc, assez dé-
plaisantes à voir. L'école des Beaux-Arts (que l'Aca-
démie nous pardonne cette hérésie!) ne pourrait-elle
engager l'un de nos pensionnaires à faire le sacrifice
de trois mois, sur ses cinq années, pour exécuter ce
petit ouvrage qui nous semble utile, quitte à se priver
d'un des 150 exemplaires des temples d'Antonin et
Faustine, ou de Jupiter Stator? C'est surtout dans le
voisinage d'Innsbruck qu'on trouve une quantité de
belles maisons de bois avec riches découpures, recherches de combinaisons de charpentes, et quelques
sculptures. Beaucoup ont deux et trois étages, et
toutes sont datées; les plus anciennes que nous ayons

vues sont du commencement du xviie siècle. Quant
à la ville d'Innsbruck elle-même, sauf le tombeau de
Maximilien, on n'y trouve plus un seul monument
qui mérite d'être étudié : les maisons, encore en assez
grand nombre, du xvie siècle, ne sont remarquables
que par leurs bretèches à plusieurs étages faisant saillie sur la rue ; mais au point de vue de l'art, tout
cela est fort laid. Cependant la situation de la ville, à
la jonction de deux vallées bordées de hautes montagnes, est admirable et fait oublier l'absence de
monuments ; d'ailleurs, le tombeau de Maximilien à
lui seul vaut le voyage : je ne vous décrirai pas sa
disposition générale, connue de tout le monde, et
reproduite cent fois par la gravure, mais je vous dirai
quelques mots de son exécution. Vous savez que le
tombeau en marbre, décoré de bas-reliefs très-fins,
pleins de détails curieux, représentant, comme au
tombeau de François Ier de Saint-Denis, les siéges,
batailles et principaux faits du règne de Maximilien,
est entouré de grilles en fer. Or, ces grilles sont un
véritable chef-d'œuvre de serrurerie de la renaissance allemande. Le fer forgé et la tôle repoussée s'y
trouvent très-heureusement combinés, ce qui est
rare ; on y voit surtout de grands fleurons de couronnements qui s'épanouissent en larges fleurs d'un
très-bon effet et d'une exécution irréprochable. Le
système de construction de cette grille consiste en
entrelacs de fer non soudés, mais se pénétrant, for-
gés les uns dans les autres avec une habileté vraiment extraordinaire ; les tôles s'attachent avec des
rivets et sont traitées largement, présentant plutôt
des découpures gravées, d'un modelé très-doux, que
de ces reliefs gênants, peu solides et si fort en vogue

à la fin du XVIᵉ siècle. Les angles de la grille sont renforcés de quatre balustres en fer forgé, décorés également de feuillages de tôle appliquées et comme collés à l'âme en fer. Je ne sais par quel procédé on est parvenu à souder si parfaitement ces ornements de tôle qui semblent faire corps avec les balustres ; mais l'effet obtenu est très-heureux, c'est un travail solide, fin et gras en même temps. Des dorures et des peintures de couleur rehaussent cette grille. Il me tarde de faire appliquer à Paris, par quelques-uns de nos habiles ouvriers en serrurerie, certains de ces procédés de ferronnerie complétement oubliés chez nous ; je crois qu'avec un peu de soin et de patience on peut en tirer un excellent parti.

Comme fonte de bronze, les statues qui entourent le tombeau de Maximilien sont du plus grand intérêt. Ces statues ne sont pas toutes sorties du même atelier. Les unes, en petit nombre (celle du roi Arthur entre autres), sont évidemment modelées et fondues à creux perdu, par des artistes italiens, et la fonte est aussi belle que possible, non retouchée par le ciseleur ; les détails les plus délicats sont venus purs ; les têtes, traitées par l'artiste tout autrement que les armures et parties du costume, ont conservé dans la fonte cette différence précieuse du travail. Les autres statues appartiennent à l'école allemande, et si ces figures sont curieuses à étudier comme fabrication, il faut avouer qu'elles sont pour la plupart d'un style exagéré, maniéré, lourd et même grotesque, qui contraste avec la noblesse des statues italiennes. Ces fontes allemandes ont été coulées sur des maquettes grossières ; le ciseleur est venu tailler, rogner, limer, sculpter sa figure dans ce bloc de bronze, puis il l'a

3

habillée d'armes, de baudriers, colliers, couronnes
et tous autres accessoires du costume, rapportés après
coup comme sur un mannequin. Le procédé est
quelque peu barbare : il produit cependant, par son
étrangeté, un certain effet, il donne à ces figures
colossales quelque chose de réel qui frappe l'imagination ; on croit voir une assemblée de personnages
ayant eu vie et passés à l'état de bronze, car les
armures, les épées, baudriers, courroies, ceintu-
res, etc. , sont de véritables parties de costumes,
distinctes, exécutées avec toute la réalité et l'exactitude
qui appartiennent à des objets ayant un usage. Ce
n'est pas de l'art, c'est le salon de Curtius en bronze ;
vous comprendrez combien tous ces accessoires trai-
tés de cette façon doivent avoir d'intérêt. Il est telle
agrafe, telle couronne, tel collier, qui, sauf la matière,
donnent exactement la forme, la composition, et les
procédés de fabrication des bijoux du commencement
du XVIe siècle. Quelques-unes de ces pièces rapportées
manquent, et dans un langage partie allemand, partie
français et italien , l'un des cicérone du tombeau
nous a assuré en souriant que les soldats français
avaient jugé utile de les enlever ; cela est possible,
mais j'ai pu ainsi me rendre compte des moyens de
fabrication de ces curieux bronzes ; à quelque chose
malheur est bon. Ce tombeau, avec son entourage de
statues, perd beaucoup de son effet au milieu de l'ef-
froyable architecture qui lui sert d'abri. C'est une
grande chapelle avec bas-côtés, d'un style *rococo*
dont l'Allemagne seule a le secret ; le sarcophage
occupe le milieu de la nef, et l'assemblée des personnages de bronze est rangée à distance entre les colonnes. Figurez-vous ce que serait cette belle disposi-

tion dans une de nos églises du xiii° siècle, au milieu
du chœur de Saint-Denis, par exemple ! On subit, en
voyant tout d'abord la disposition générale de ce
monument, l'influence d'une idée, et l'idée, je suis
fâché d'être obligé d'en convenir, manque généralement dans les œuvres d'art de l'Allemagne. Les statues de bronze posées debout, à distance du sarcophage, représentent, non point les contemporains
de Maximilien, mais les personnages les plus célèbres
du moyen âge; ils laissent circuler les visiteurs entre
eux et la grille du tombeau; cela a fort grand air.
En portant les yeux sur le sujet principal, le tombeau,
on sent la présence de ces statues colossales qui,
comme vous, ont les yeux tournés vers le précieux
sarcophage, et semblent le garder. Le visiteur passant entre cette haie de figures de bronze et le monument, éprouve un sentiment de respect involon-
taire; il marche avec précaution, parle bas. Le but
que l'artiste s'est proposé est évidemment atteint, sa
pensée rendue. Si les statues de bronze étaient adossées au tombeau, l'effet serait vulgaire, quel que fût
le mérite de l'exécution ; tant il est vrai que dans les
arts, il y a deux sortes de *goût*, le goût qui tient à la
convenance et celui qui s'applique à l'exécution. En
effet, comme exécution, ce n'est pas par le goût que
se fait remarquer le tombeau de Maximilien; comme
composition au contraire, cette œuvre est peut-être
celle qui produit la plus profonde impression, parmi
tant de somptueux tombeaux qui couvrent le sol
européen : c'est que l'artiste a su ce qu'il voulait
faire d'abord, et qu'il a exprimé sa pensée en homme
de goût, la laissant deviner par une disposition de
cérémonial, dirai-je, plutôt que par des allégories

plus ou moins ingénieuses. Si le tombeau monu-
mental de Maximilien produit tant d'effet, c'est, passez-moi le mot, qu'il est *convenable*, et il en est bien
peu, si nous passons en revue ceux d'Italie, d'Espagne, d'Allemagne et de France, en faveur desquels
nous puissions adopter cette expression. Du moment
que l'artiste sort de la donnée si simple du moyen
âge, c'est-à-dire qu'il veut autre chose que la pierre
sur laquelle repose la représentation du corps du
mort, il est bientôt entraîné à trop dire, et quand il
s'agit de la mort, c'est le cas d'appliquer le proverbe :
Qui trop prouve, ne prouve rien. Un Génie fort
attristé, appuyé sur une torche renversée, n'aug-
mente pas la douleur des amis du défunt, n'en donne
pas aux indifférents. Les Provinces en larmes, les
Victoires, l'Immortalité levant le linceul, les lions
endormis, la Religion soutenant un mourant, etc.,
tout cela n'émeut personne, c'est souvent ridicule,
c'est toujours *inconvenant* au point de vue du goût.
Une bière sur deux tréteaux produit plus d'effet que
toutes les allégories les plus ingénieuses. L'artiste qui,
sans perdre son point de départ, le trait caractéristique
de son sujet, sait entourer cette pensée première d'une
enveloppe d'art, est un homme de goût. Et c'est à ce
point de vue que je vous recommande le tombeau de
Maximilien ; d'autant, comme je vous le disais en
commençant, qu'il faut, pour l'aller visiter, traverser
le plus beau pays de la terre, qu'on vit fort bien à
Innsbruck, que les promenades des environs sont ravissantes, les Tyroliens excellentes gens, que cette
ville rappelle déjà l'Italie mêlée aux vieilles traditions
allemandes, ce qui lui donne une physionomie particulière pleine de charme et d'originalité.

V

En entrant au cœur de l'Allemagne, on demeure convaincu que ce peuple (il est entendu que je me mets au point de vue des arts) n'est pas un peuple, mais un amalgame d'éléments fort divers ; il y a bien un vernis uniforme passé sur tous ces éléments, mais il n'est pas tellement opaque qu'on ne puisse distinguer leur diversité. Au XII⁰ siècle, en France, on voit déjà poindre l'unité, et au XIII⁰ siècle elle est presque entièrement développée. En Allemagne, tout est confusion (n'oubliez pas, je vous prie, que nous parlons art) jusqu'au XV⁰ siècle. A cette époque il se forme une école réellement allemande, mais encore son centre est bien resserré, sa circonférence bien diffuse. Dans le voisinage de l'Italie, l'Allemagne reçoit l'influence italienne ; sur les frontières du Rhin, elle est ou française, comme au chœur de la cathédrale de Cologne, xive siècle (je vous le prouverai facilement bientôt), et tout ce qu'on veut à partir de cette époque. Pour faire une histoire des arts en Allemagne, il faudrait faire l'histoire des arts du nord de l'Italie, de la France et des populations orientales de l'Europe. Aujourd'hui même parcourez les rues nouvelles de Munich, et vous ne trouverez que des pastiches de monuments très-divers, ainsi que je vous l'ai dit dans une de mes précédentes lettres. Ici du grec, là du florentin, du vénitien, des traditions rhénanes, du normand sicilien, du gothique anglais; mais il faut reconnaître un fait important : les gouvernements en Allemagne, depuis le xive siècle, sont à la tête des arts : l'art est importé, cultivé par eux avec un soin particulier. Ils lui donnent l'impulsion, ils l'aiment comme il convient, c'est-à-dire en le respectant, sans le violenter jamais; ce n'est pas leur faute s'il ne produit pas des œuvres originales et vivaces, car ils se contentent de le protéger en lui donnant les coudées franches. Si le despotisme a existé et existe de l'autre côté du Rhin en politique, il faut convenir que la liberté est laissée entière aux artistes. En profitent-ils? non... Pourquoi? Je laisserai à d'autres le soin d'expliquer ce phénomène, car cela m'entraînerait bien au delà des limites que je dois m'imposer ici. Je tiens seulement à constater ceci : depuis la renaissance, les gouvernements en France ont subi l'influence de l'*opinion publique* dans les arts, et les arts ont prospéré; ou ils ont voulu peser sur elle, et les arts ont décliné. Avant cette époque, les souverains,

le clergé, la noblesse ne cherchaient pas en France à
gouverner le domaine des arts ; ceux-ci ont suivi
leur marche régulière, ont un caractère bien un, bien
ranché; ils ont produit beaucoup sans diffusion, mais
au contraire, avec une continuelle tendance à se cen-
traliser, à former une école. C'est qu'en France les
arts tiennent essentiellement à la nation, et s'il nous
en reste des étincelles, c'est que l'influence des gouvernements n'a pas pu descendre jusque dans l'atelier.
En Allemagne, c'est tout l'opposé : les arts n'ont produit que sous la main des gouvernements; le peuple
n'est pas né artiste, il ne le devient que par l'éducation, et si l'éducation perfectionne, elle est impuis-
sante à créer. Or, comme les institutions qui régissent
les peuples changent, et que l'esprit des peuples ne
change pas, il en résulté que, chez nous, l'art natif
perce toujours, en dépit de la mode ou du caprice de
tel souverain, et conserve un caractère d'unité; tandis qu'en Allemagne l'art suit toutes les fluctuations
qu'il plaît aux sommités éclairées de lui faire subir.
Louis XIV porte une grande perruque, tout le monde
porte une grande perruque, mais les cerveaux res-
tent français sous cette enveloppe, le caractère n'est
pas modifié par la coiffure. En Allemagne, on prend
la perruque au sérieux, et on se croit obligé de mettre
les idées en harmonie avec elle; on l'érige en système
jusqu'à ce qu'elle soit remplacée par autre chose.
Chez un tel peuple l'art est une science, un jeu de
l'esprit, non pas une inspiration, un instinct. Aussi
lorsqu'on traverse l'Allemagne après avoir étudié les
arts de l'Italie et surtout de la France, où tout est dé-
duit d'une façon si logique, où l'on sent toujours
l'inspiration première, quelle que soit l'enveloppe, on

se trouve fort désorienté de rencontrer tant d'éléments divers, disparates, accusant l'étude et la recherche plutôt que l'instinct; jamais une suite non interrompue d'efforts vers un but commun. On trouve des fils et non une trame ; on reste froid devant des œuvres qui ne sont pas la conséquence de ce qui a précédé, ni l'origine de ce qui suit. Et en effet, pour émouvoir, il ne faut pas que les œuvres d'art soient isolées, il faut au contraire qu'elles se rattachent à une suite non interrompue d'idées, qu'elles se trouvent en famille. Vous ne pouvez suivre en Allemagne cette marche ascendante et descendante des arts qui fait qu'un monument nous rappelle son père et vous fait pressentir ses successeurs. Là les œuvres d'art se produisent par soubresauts, elles sont isolées quoique nombreuses, monotones à une même époque, sans rapports les unes avec les autres, lorsqu'elles sont nées à un siècle d'intervalle. Nous avons entendu bien des fois reprocher à notre art français du moyen âge le peu de durée de sa perfection ; le reproche est fondé, mais l'art français, au moyen âge, est conséquent ; les vices de sa vieillesse ne sont que les défauts de sa jeunesse, exagérés ; il ne dure si peu que parce qu'il devient l'esclave du principe qui l'a fait naître ; d'ailleurs, pourquoi les œuvres de l'esprit sont-elles destinées à croître et décroître, sans qu'il soit possible d'arrêter un moment cette marche ascendante et descendante, de se reposer au point culminant ? Pourquoi ne pas reprocher aussi bien à l'âme humaine d'aspirer au mieux inconnu ? L'art du moyen âge en France s'élève et descend rapidement, parce que c'est un art ; tout comme l'art grec, météore dont l'apparition a suffi pour éclairer les générations passées et à venir. Je ne crois pas que l'art puisse se mesurer *au linéaire* (pour me servir d'une expression de notre métier), s'évaluer en raison, non de son éclat, mais de sa durée. On nous opposera l'art romain, mais l'art romain n'existe pas; le Romain n'est pas né artiste, sa fonction est tout autre; loin d'agir sur l'imagination, le Romain agit sur la raison, il règle, tempère, gouverne et administre. Le Romain n'est ni architecte, ni statuaire, ni peintre, il est constructeur; il n'est homme de goût que parce qu'il sait ce qui lui convient, l'ordonne et le fait exécuter; il se borne à la satisfaction d'un besoin rempli. Mais ne lui demandez pas ces élans d'imagination, cette recherche du beau absolu qui ont produit le Parthénon, la belle statuaire grecque, Platon; et chez nous, en Occident, dans un autre ordre d'idées, l'architecture et la statuaire du XIIIᵉ siècle. L'art est la floraison d'une civilisation chez un peuple né artiste, il n'est pas une formule; son expression ne peut être ni définie ni mesurée, il pousse comme la fleur et se fane comme elle; peu importe que la fleur dure une heure ou un jour, puisque le souvenir de son éclat et de son parfum est indépendant de sa durée.

Tout cela est pour en venir à vous dire qu'il n'y a pas en Allemagne un monument original, dans l'acception matérielle du mot, c'est-à-dire qui dénote une origine; je mets, bien entendu, en dehors les monuments rhénans. On trouve chez tous des influences; de l'originalité, point. Je ne dirais pas cela à Nuremberg ou à Munich, car je me ferais lapider! de toutes les qualités d'un peuple, l'originalité étant celle peut-être à laquelle les Allemands prétendent le plus.

Mais puisque Nuremberg vient au bout de
ma plume, nous en parlerons, si vous voulez; aussi
bien, c'est certainement la ville allemande du
moyen âge par excellence. Je n'ai pas besoin de vous
dire que cette jolie ville paraît n'avoir pas été tou-
chée depuis le xvie siècle. Quant à des monuments
antérieurs au xive siècle, on n'en trouve peu ou
point, sauf la chapelle du château, qui date du
commencement du xiie siècle, et qui est un petit
édifice rhénan à trois nefs et à double étage, et la
chapelle du Saint-Sacrement du même style, un peu
plus moderne, toutes deux fort jolies. Les églises de
Nuremberg sont nombreuses, assez vastes et bien
conservées, car les matériaux employés sont excel-
lents; elles ressemblent comme disposition de plans
à nos églises. Mais si nous examinons les élévations
extérieures, les intérieurs, nous y trouvons une
superfétation d'ornements dont on ne comprend ni
le sens ni la raison, et, qui pis est, au point de
vue du goût, ces décorations sont bien loin de
valoir la décoration architectonique de nos églises
des xive et xve siècles. Je vous citerai entre autres
l'église Saint-Laurent. Les deux clochers qui flan-
quent la façade présentent une succession d'étages
égaux entre eux et décorés chacun de cette petite
arcature rhénane d'une faible saillie, dont les architectes allemands ont singulièrement abusé et abu-
sent encore; les étages semblables, de même hauteur, ne dénotent ni beaucoup d'invention, ni un
sentiment bien juste de l'harmonie des proportions;
et ce défaut, vous le trouverez également dans les
anciens monuments rhénans. Sur ces deux tours
carrées s'élèvent, sans transition, deux flèches poli-

gonales qui paraissent maigres et mal plantées sur
leurs bases, surtout si on est placé de manière à voir
les clochers suivant la diagonale. Entre eux est percée
une rose dont les compartiments bizarres sentent l'effort d'un esprit qui veut surprendre ; au-dessus s'élève
un pignon couvert de petits contreforts, d'ajours mul-
tipliés et qui ont la forme de grandes baies rapetis-
sées. On sent dans tout cela une recherche, un désir
de produire de l'effet par des combinaisons étranges,
nullement motivées d'ailleurs, bien plus qu'un em-
ploi de formes consacrées par l'usage et qui ont
leur raison d'être. Dans nos monuments les plus médiocres des XIVe et XVe siècles, on retrouve toujours
l'origine des formes adoptées; on comprend que si
l'excès du raisonnement, si l'envie de surprendre ont
pu fausser le goût des constructeurs, cependant
ceux-ci ont encore conservé le principe de toutes les
règles imposées originairement dans le but de satisfaire à un besoin. Le vice de la décadence de notre
architecture française du moyen âge vient de l'abus
d'un principe poussé jusque dans ses dernières conséquences, avec une rigueur de logique telle, qu'en
faisant une opération inverse, c'est-à-dire en remon-
tant de l'abus aux sources, on ne trouve rien à
redire; si le goût, si le sentiment sont choqués,
le raisonnement est forcé de se soumettre, car
toutes les déductions sont impérieuses; les constructeurs sont tombés dans l'absurde à force de sub-
tiliser, mais ils sont logiques, trop logiques. De
l'autre côté du Rhin, il n'en est pas ainsi: les architectes, au moyen âge, ont pris un principe et une
forme qu'ils n'avaient pas inventés, dont ils n'étaient
pas les auteurs, et perdant aussitôt de vue ce prin-

cipe qu'ils n'avaient pas compris, dépourvus d'imagination et d'originalité, ils ont appliqué les formes
au hasard, remplaçant l'invention par la bizarrerie,
et croyant faire preuve d'imagination parce qu'ils
accumulaient les difficultés d'exécution et mettaient
la patience et la recherche à la place du goût. Il faut
voir les intérieurs des églises de Nuremberg pour se
faire une idée des erreurs étranges dans lesquelles
tombe l'artiste auquel un principe et le goût naturel font défaut! Ces intérieurs encore garnis de tant
d'objets curieux, de meubles, d'autels, de rétables,
de tombeaux et d'accessoires de toutes sortes, au lieu
d'exciter l'admiration, ressemblent à des magasins
de bric-à-brac dans lesquels on aurait accumulé des
objets d'âges, de pays, et d'usages divers, sans ordre
et sans goût; et, chose singulière, toutes ces œuvres
dans lesquelles on reconnaît le travail d'esprits qui
se sont mis à la torture pour étonner le spectateur,
une exécution sèche à force d'être patiente et recher-
chée, fatiguent par leur monotonie. En sortant d'une
de ces églises, il ne vous reste aucun souvenir, on
éprouve un certain bien-être à respirer l'air, à trouver des espaces libres devant soi, des surfaces planes.
Du reste, ce que je dis là à propos des intérieurs des
églises de Nuremberg, on l'éprouve en sortant de la
ville elle-même, qui paraît au bout d'une journée
n'être qu'une boîte de joujoux très-compliqués et
mal en ordre. On sent après avoir parcouru les rues
tortueuses de Nuremberg une envie démesurée de se
trouver en face d'une grande prairie bien verte et
unie. Cela ne m'empêchera pas de vous en parler
dans ma première lettre.

VI

Prague, septembre 1854.

Puisque nous sommes à Nuremberg, nous ne quitterons pas cette ville sans vous en donner une idée sommaire. Faute de croquis, je ne pourrais vous faire que des descriptions stériles et assez peu concluantes, comme toutes les descriptions écrites des monuments ; je m'attacherai donc uniquement à vous donner une idée générale de cette curieuse ville, j'essayerai de vous tracer l'aspect de la cité allemande du moyen âge.

Nuremberg est entourée encore aujourd'hui d'une formidable enceinte qui date des XIVe, XVe et XVIe siècles. C'est là surtout qu'on reconnaît l'esprit conservateur du peuple allemand ; en ajoutant des défenses nouvelles aux fortifications primitives, on a laissé presque partout subsister celles-ci. Albert Durer, qui l'un des derniers a fait exécuter des ouvrages considérables destinés à garantir sa ville contre les

attaques extérieures, a profité des défenses déjà
existantes avec un respect et une adresse qui font
honneur à cet habile et savant homme ; plutôt que
de les détruire il les a protégées ; loin de les traiter
avec ce dédain superbe des ingénieurs militaires qui
rasent impitoyablement ou modifient ce que leurs
prédécesseurs ont fait, il a élevé des boulevards en
avant, il a fait entrer les vieux murs et les vieilles
tours dans son système général de défense, comme
on place un bataillon d'invalides au milieu de jeunes troupes. Son système d'ailleurs n'est point à
dédaigner ; quelquefois l'expérience vient donner un
démenti aux savants calculs de la théorie moderne
sur la défense des places ; il n'est donc pas hors de
propos de faire connaître en quoi consistent les ressources sur lesquelles Albert Durer comptait de son
temps pour défendre sa ville, sa ville qu'il aimait
avec un amour tout filial.

Laissant substituer l'ancien *dispositif défensif*
(suivant l'expression moderne), Albert Durer établit
en avant de longues courtines terrassées propres à
recevoir du canon et des arquebusiers, interrompues
de distance en distance, et surtout aux angles saillants, par de gros boulevards ou bastions demi-circu-
laires munis de batteries barbettes et casematées.
Ces bastions en maçonnerie sont formidables, bien
construits, couronnés par des parapets de plusieurs
mètres d'épaisseur, en talus convexes, lesquels pouvaient être surmontés de galeries en bois destinées à
recevoir des tirailleurs, le tir des pièces se faisant
sous ces galeries ; les fossés sont très-larges et pro-
fonds. Au-devant des portes sont établies de vastes
places d'armes à plusieurs étages de feux et soli-

dement maçonnées. Enfin (et c'est là surtout en quoi le système d'Albert Durer mérite d'être étudié), en dedans de ses défenses et englobées dans les anciennes fortifications conservées , s'élèvent de hautes et épaisses tours commandant tous les ouvrages ainsi que la campagne, et couronnées par des batteries circulaires assez bien protégées par des parapets en pierre et des ouvrages en bois. A la base de ces tours sont percées des embrasures qui enfilent les chemins de ronde entre les anciennes et les nouvelles défenses. Je ne sais combien de temps ces tours pourraient résister à des batteries de siége bien établies ; mais vu l'épaisseur de leurs murs, la manière dont elles sont construites, leur forme conique, la façon dont leur base est protégée par les ouvrages antérieurs, il y a lieu de croire qu'elles soutiendraient longtemps l'effort des boulets ennemis, et que par leurs feux plongeants elles pourraient gêner beaucoup les travaux d'approche, forcer l'assiégeant à faire ses parallèles très-profondes ainsi que ses cheminements, à élever devant ses batteries de brèche des talus très-élevés pour les masquer.

Albert Durer avait évidemment voulu concilier ce qu'il y avait de bon dans les deux systèmes de défense ancien et moderne. Il balayait la campagne par les feux rasants de ses courtines et boulévards, et la dominait par ses donjons jalonnés sur tout le périmètre des fortifications. En conservant les anciennes murailles qui dominent ses ouvrages, il se réservait un double rang de feux de tirailleurs. Remarquez que ces fortifications sont à peu près intactes. Les murailles anciennes possèdent partout leurs hourds ou chemins de ronde en bois crénelés. Les volets des

embrasures sont en place ; en parcourant les dehors
de Nuremberg on peut se croire en plein XVIᵉ siècle.
Si vous entrez en ville, l'illusion continue : les maisons les plus modernes datent du XVIIᵉ siècle, elles
ont toutes conservé leurs brétèches saillantes sur la
rue, leurs galeries supérieures , leurs pignons et
combles aigus ; les rues sont tortueuses , mais
vivantes, garnies de boutiques de forme ancienne ;
les coins de rues ont conservé leurs saints dans des
niches , leurs potences en fer pour recevoir des
fanaux ; les portes sont renforcées de vieilles ferrures,
les fenêtres de rez-de-chaussée munies de grilles
soigneusement ouvragées ; les monuments publics
sont tous anciens, bien entretenus et nombreux ; les
ponts conservent leurs statues, leurs lanternes, leurs
parapets moulurés, et tout cela ne sent pas l'abandon, mais au contraire vit, agit, est utilisé chaque
jour, s'use, mais est exempt de mutilation. A-t-on
besoin d'un nouvel édifice, on le construit à côté de
l'ancien ; et chaque âge semble avoir apporté, dans
cette curieuse cité, son contingent en respectant
l'œuvre des devanciers. Partout des fontaines, des
statues, des monuments commémoratifs agglomérés
sans idée de symétrie.

Nuremberg est une collection plutôt qu'une ville ;
ce peuple semble avoir horreur de la destruction.
Ce que vous voyez dans la rue, vous l'observez dans
les habitations. Le bourgeois de Nuremberg peint et
repeint sans cesse les vieux châssis de ses fenêtres
du XVIᵉ siècle, mais ne les change pas ; il met un
tapis sur les marches usées de l'escalier à jour qui
fait l'ornement de sa cour, mais ne les remplace pas.
Si les Nuremburgeois le pouvaient, ils couvriraient

certainement leur ville d'une immense cloche de
verre. Quand un édifice n'a plus une destination
précise, on en fait un musée dans lequel on place
quelques tableaux, quelques fragments recueillis
à droite et à gauche. Vous croyez entrer dans une
chapelle, point ; c'est une collection d'objets d'art,
et un homme est là avec de petits livrets explicatifs.
Est-ce spéculation ? est-ce comme à Londres une exhi-
bition au profit de telle ou telle société, des pauvres,
des naufragés, des émigrants ? Non, le bénéfice est
minime, il est secondaire, c'est l'amour de la collection qui est le fait dominant, le moteur; les Allemands amassent des tableaux dans leurs musées,
comme ils amassent des monuments dans leurs villes;
conserver, réunir, collectionner enfin, voilà leur
passion dominante. Si les Allemands joignaient à
cette précieuse disposition naturelle un esprit cri-
tique; si en conservant, ils savaient discerner et
choisir, ce serait, au point de vue des arts, le premier
peuple du monde ; malheureusement il n'en est pas
ainsi ; tout leur est bon ; amasser est le but, on n'en
aperçoit point d'autre. Ils nous laissent, à nous qui
détruisons le bon comme le mauvais avec une égale
insouciance, le soin de critiquer, de classer..... quand
il nous reste quelque chose à critiquer ou à classer.
Il faut croire que la Providence, qui arrange les
choses pour le mieux, n'a pas voulu qu'un peuple
pût réunir des qualités si diverses; car il faut bien en
convenir, parmi tant de monuments, d'objets d'art
conservés avec un scrupule filial, on a beaucoup de
peine à trouver à Nuremberg (et je prends ici cette
ville comme type), une de ces œuvres qui nous
laissent un souvenir durable; on est souvent étonné,

jamais ému; on examine avec un vif sentiment de
curiosité, mais c'est toujours le dernier objet qui
frappe et fait oublier ceux que l'on avait vus précé-
demment.

Je me souviens, à ce propos, de l'impression que
nous ressentîmes à Rome, il y a de cela dix-huit ans.
Arrivant dans la ville éternelle l'esprit plein de tout
ce que l'on dit sur les monuments dont elle est couverte, nous crûmes les premiers jours à une mysti-
fication : les palais nous semblaient assez maussades,
insignifiants; les églises, ou de misérables baraques
en brique et sapin mal bâties, ou des amas de
formes d'architecture les plus monstrueuses; les ruines antiques..... la plupart d'une mauvaise époque,
des édifices cent fois remaniés et ayant perdu leur
caractère. Mais ce premier examen terminé, et, dans
le calme profond dont on jouit si pleinement au
milieu de la vaste cité aux trois quarts déserte, quelques monuments, quelques peintures revenaient
dans la mémoire, en y laissant chaque jour des
traces plus profondes ; bientôt ils formaient comme
des points lumineux dont les reflets jetaient la clarté
jusque sur les objets les plus médiocres en apparence. Après une année de séjour, nous étions
arrivé, comme tant d'autres avant nous, à vénérer
les plus humbles pierres de la grande cité, à les con-
sidérer avec amour, à trouver à toute chose un parfum d'art, une poésie enfin que nulle autre ville ne
possède. C'est qu'il suffit d'un chef-d'œuvre pour
illuminer toute une cité et rendre son souvenir im-
périssable. Or, à Nuremberg tout est curieux, tout
est intéressant, tout occupe l'esprit et les yeux, mais
rien ne laisse un souvenir : on sent l'empreinte du

métier partout, de l'art, nulle part. Et, si je prends
le monument le plus remarquable de Nuremberg,
celui connu de tous, le tombeau de saint Sébald, j'y
trouve certes la marque d'un vrai talent, une habileté peu commune, de charmants détails, un travail
surprenant; mais de la recherche et pas d'idées; une
exécution parfaite, et pas de style; une composition
ingénieuse, et pas de conception; une adresse qui ne
sait pas s'arrêter à temps et ne voit pas l'abîme qui
sépare la grâce de la manière, la hardiesse du tour
de force. Je connais tel pauvre tombeau oublié dans
une de nos églises de village, mutilé, profané, qui
possède dans son humilité une dose d'art cent fois
plus forte que le splendide tombeau de saint Sébald;
j'entends d'art vrai, de cet art qui se produit en dépit
de la grossièreté de la matière, qui pense et fait songer.
Je vous ai parlé dans une de mes précédentes lettres
du tombeau de Maximilien, et de l'effet qu'il produit
malgré ses défauts, du souvenir profond qu'il laisse :
c'est qu'il y a là une grande idée fortement expri-
mée. Comme perfection de travail, le tombeau de
saint Sébald est l'œuvre d'un homme bien autrement habile que celui ou ceux qui ont exécuté le
tombeau d'Innsbruck; et cependant le tombeau de
saint Sébald ne reste dans le souvenir que comme
un joli meuble, amusant à examiner dans ses précieux détails, fin, parfait d'exécution, mais où la
pensée manque totalement. Tous les petits personnages qui l'entourent font leurs petites affaires dans
leurs petites niches, essayent de se présenter chacun
sous un aspect quelque peu maniéré, mais de saint
Sébald! ils ne s'en soucient guère; occupés de draper
leur robe ou leur manteau, ils *posent* sans concourir

à l'ensemble. Quoi ! direz-vous, ces reproches ne doivent point s'adresser à l'auteur du monument, Pierre Fischer, mais à son temps, car ce tombeau fut exécuté pendant les premières années du xviᵉ siècle ; pourquoi exiger de l'Allemagne ce que vous ne trouvez à cette époque ni en France, ni en Italie, ni en Espagne, de l'unité de pensée, une idée dominante dans les œuvres d'art, du style enfin ?

En Italie, sauf la peinture et quelques œuvres isolées de sculpture qui au xviᵉ siècle jettent un éclat incomparable, où trouverez-vous de ces monuments qui laissent deviner ces principes de grandeur qui règnent sur les conceptions de l'antiquité ou des xiiᵉ et xiiiᵉ siècles ? Sont-ce les tombeaux de Jules II ? ceux de Sansovino élevés dans le sanctuaire de Sainte-Marie-du-Peuple , ceux de Saint-Pierre à Rome, ceux de l'église Sainte-Croix, des Médicis à Florence ? En France, sont-ce les tombeaux de Louis XII, de François Iᵉʳ, de Henri II, et tant d'autres, où la perfection de l'exécution, et il faut le dire, l'inspiration du statuaire ne pourraient compenser la pauvreté de la composition générale, le défaut d'unité, l'oubli des belles et simples traditions de la meilleure époque du moyen âge ? A cela je vous répondrai, mon cher confrère : Oui, les exemples que vous me citez ont tous les défauts de leur temps ; mais on est frappé cependant par un air de noblesse, par une magnificence qui font oublier la confusion des détails ; par une puissance d'art, une énergie que l'on ne peut méconnaître. Malgré leurs défauts, ces monuments laissent encore une profonde impression dans l'esprit. Ce ne sont pas les détails qui frappent, si l'on examine les tombeaux de Fran-

çois Ier et de Henri II, mais ces admirables figures
nues, couchées, où le sculpteur a su faire voir la
mort, non dans ce qu'elle a de repoussant, mais
dans ce qu'elle a de terrible et de grand. Si amant
de l'antiquité qu'ait été l'auteur des statues de Henri II
et de Catherine de Médicis, la pensée chrétienne domine encore tout entière dans ces deux incompara-
bles figures, et après les avoir vues, on ne se demande pas si les détails de la composition architectonique adoptée sont bien là à leur place. Rien de pareil
dans le tombeau de saint Sébald. Si l'on éprouve un
certain sentiment de respect à la vue de la châsse
suspendue au milieu du monument, ce sentiment est
bientôt étouffé par la multiplicité des détails quelque
peu puérils qui l'entourent ; la perfection même de
ces détails fait oublier l'objet principal.

Je le répète, l'art allemand ne sait pas faire de ces sacrifices nécessaires dans toute composition, il se perd
dans les détails ; il rassemble, mais ne conçoit pas.
Et ce défaut que je vous signale aujourd'hui à propos
du tombeau de saint Sébald, nous le retrouverons
dans l'architecture, dans la peinture. Est-ce à dire
qu'il n'y ait rien à prendre dans les œuvres allemandes ? non certes ; mais l'étude de ces œuvres, plus elles
sont parfaites et à cause de leur perfection même,
peut être dangereuse, il ne faut s'y livrer qu'avec
défiance ; l'art allemand est un livre que l'on ne doit
laisser lire qu'à ceux dont le goût est déjà formé par
l'étude des chefs-d'œuvres de l'antiquité, de la France
et de l'Italie. C'est un livre qui ne domine jamais
son sujet, qui ne fait jamais concourir les épisodes
dont il fourmille vers une pensée-mère, qui présente
toute chose sous un même aspect, plus pédant que

savant, qui n'a ni commencement ni fin; qui occupe, séduit même souvent, sans instruire. Vous me trouverez sévère peut-être; mais, vous le savez, nous ne sommes que trop disposés en France à nous laisser séduire par les qualités étrangères à notre génie, nous aimons les choses qui viennent de loin; et aujourd'hui que l'étude des arts du moyen âge entre dans une voie sérieuse, qu'elle est destinée peut-être à amener des résultats pratiques importants, nous regardons comme un devoir de prévenir, autant qu'il est en nous, des écarts qui ne feraient que détourner les jeunes artistes de la véritable voie. Or, les Allemands sont un peu gascons; ils ont le mérite respectable de faire valoir ce qu'ils possèdent, et il n'y a pas longtemps encore qu'ils prétendaient que la cathédrale de Cologne était le premier en date et le plus pur des édifices au moyen âge. Si, devant les faits, ils ont abandonné cette prétention, nous ne manquons pas d'amateurs et d'artistes en France qui, avec la meilleure intention du monde d'ailleurs, regardent encore les pays d'outre-Rhin comme le berceau des arts du moyen âge. Il est prudent, nous le croyons, de protester contre cette opinion, qui ne tendrait à rien moins, si elle devait entraîner une suite d'études sérieuses, qu'à étouffer nos qualités natives, ces instincts de grandeur et de liberté dans les productions d'art, dont heureusement nous n'avons, jusqu'à ce jour, jamais perdu les germes féconds.

VII

Prague, septembre 1854.

Nous avons une renaissance au XVIᵉ siècle, une renaissance française, les Allemands n'en ont pas; quand ils abandonnent les traditions du moyen âge, c'est pour tomber dans toutes les exagérations d'un art en démence qui a perdu sa route. Les Allemands sont arrivés du gothique au *rococo* presque sans transition, et le *rococo* allemand est une chose dont on ne se peut faire l'idée quand on ne l'a point vue. C'est à Dresde qu'il faut aller le voir dans toute sa splendeur. Nos édifices du siècle dernier sont sages, sévères même auprès des conceptions fantastiques des architectes allemands; ce n'est plus de la pierre, du bois ou du métal, cela ressemble à certains meubles flamands, copiés à une échelle centuple. Il n'y a qu'en Allemagne que vous voyez des fenêtres ovales de cinq mètres de haut, des combles impossibles qui ressemblent à des bonnets de fous, des frontons tellement enfouis sous des amas de guirlandes, de génies, de figures d'animaux exaspérés, qu'on ne sait plus trouver les lignes de l'architecture sous ces monstrueuses superfétations. Expliquez-moi comment il se fait qu'un peuple froid, tranquille, réfléchi en apparence, puisse se livrer à ce dévergondage d'imagination, à ces excès?... Ne serait-ce pas, comme je vous l'ai dit déjà, je crois, parce qu'il manque d'imagination et qu'il veut suppléer à ce défaut par le travail de l'esprit? que ne pouvant charmer, il veut étonner? Et cependant, il y a eu en Allemagne une école d'artistes d'une grande valeur; les hommes qui ont bâti et sculpté les cathédrales de Bamberg, de Vorms n'étaient pas sans mérite, ils possédaient un art à eux qui ne manque ni d'originalité ni de grandeur. Je ne chercherai pas ici à découvrir les causes qui ont produit au XIIᵉ siècle une puissante école d'art en Allemagne, les raisons de la décadence de cette école, remplacée depuis lors par une manie d'exagération dont les accès vont croissants jusqu'à notre époque; je n'ai ni le temps ni les moyens d'expliquer ce phénomène que je livre à l'étude des philosophes; le sujet vaut la peine d'être développé. Je reviens à nos observations sur les villes et les monuments.

Avant de quitter Nuremberg, il ne faut pas oublier de monter au château, véritable forteresse du moyen âge, fort dénaturée a l'intérieur, mais dont l'aspect extérieur est imposant, et nous donne l'idée de ce qu'était à la fin du XVᵉ siècle une résidence souveraine dans une ville allemande. Du sommet de la tour principale, bâtie près de l'entrée du château, la

vue que l'on a de Nuremberg est vraiment belle.
C'est une forêt de flèches, de tours, de pignons énormes, un dédale de rues sinueuses, pittoresques, qui
paraissent, à cette distance, bordées des édifices les
plus variés, les plus riches, les plus chargés de détails intéressants. C'est comme cela qu'il faut voir
Nuremberg éclairée par un beau soleil d'août, avec ses
belles promenades des boulevards, sa ceinture de
jardins, de grands arbres et de prairies, ses eaux rapides couvertes de fabriques, de moulins, de ponts,
de maisons de bois aux couleurs sombres, ses toits
aigus et brillants. Combien nos anciennes villes du
moyen âge devaient être attrayantes, elles qui joignaient à cet aspect d'ensemble de si précieux détails,
tant de chef-d'œuvres d'art amassés par plusieurs
siècles ! Mais à quoi bon ces regrets ? Les larges rues
alignées, bien percées, bordées de maisons toutes
égales de hauteur, qui malgré les efforts de nos plus
habiles artistes se ressemblent toutes, sont plus agréables à habiter, à parcourir.... quand on est pressé,
préoccupé par les affaires, que les rues tortueuses de
Nuremberg. Laissons donc ces regrets inutiles, et tâ-
chons seulement de ne pas mourir du spleen le jour
où nos villes françaises ne se composeront plus que
de longues rues droites bordées de maisons pareilles,
bien grattées et étiquetées... Et cependant, nous
n'étions pas nés en France pour être livrés à cette loi
des sots et des impuissants, la symétrie !

Pardon de la digression, Prenons le chemin de
fer et allons à Augsbourg. Augsbourg, malgré sa
Gazette, n'a pas l'aspect animé de Nuremberg ;
nombre de rues paraissent désertes. C'est cependant une belle ville, dont toutes les maisons datent

des XVIe et XVIIe siècles. Elles sont, la plupart,
flanquées de l'inévitable bretèche, surmontées
de hauts pignons découpés et couverts encore de
peintures. La rue principale a grand air avec ses
vastes palais à quatre ou cinq étages. Ce qui doit arrêter l'architecte à Augsbourg, c'est la cathédrale,
non que cet édifice soit fort remarquable, modifié
qu'il est par des reconstructions successives, mais
parce qu'il contient une grande quantité de fragments d'un intérêt réel. Dans le chœur, ce sont
de belles stalles en chêne du commencement du
XVIe siècle, entièrement tapissées de cuirs gaufrés et
dorés. Au côté droit du maître-autel, trois siéges
pour l'évêque et ses acolytes; un lustre en bronze du
XVe siècle fort grand, composé d'une sorte de flèche
à jour à la base de laquelle s'échappent des branches
feuillues qui portent les bobèches, le tout d'un assez
beau travail. Dans la nef, ce sont des vitraux du commencement du XIIIe siècle représentant des évêques,
des cardinaux et des rois; ces vitraux, que malheureusement je n'ai pu examiner de près, m'ont paru
mériter une étude sérieuse; comme couleur et dessin, ils sont différents des nôtres, mais produisent
beaucoup d'effet; ils doivent attirer d'autant plus l'attention que les vitraux de cette époque sont fort rares
en Allemagne, les guerres religieuses en ayant détruit un grand nombre.

La cathédrale d'Augsbourg, ainsi que la plupart des
églises rhénanes, possède une abside à l'occident
comme à l'orient; l'abside occidentale est bâtie sur
une crypte, dont le sol n'est guère plus bas que le pavé
des collatéraux. Cette crypte est une des plus anciennes de toutes celles que nous avons visitées outre-

Rhin, elle me paraît dater du xe siècle. L'abside
occidentale, fort relevée au-dessus de la nef, contient
un autel surmonté d'un retable, en bronze à jour
avec tabernacle du xve siècle; cet ensemble est malheureusement très-mutilé, mais au moins l'a-t-on
laissé en place. Au fond du rond-point est encore
placé le siège épiscopal en pierre, d'un seul bloc,
qui semble un meuble antique, autant par sa forme
que par ses détails; c'est un dossier circulaire sur-
montant une tablette posée sur deux lions accroupis
portant. chacun un rouleau sous leurs pattes de
devant. Ce meuble me paraît être de l'époque carlovingienne; il n'a pas échappé non plus aux mutilations des réformistes. Sur le côté de cette abside,
nous avons remarqué encore une petite porte garnie
de trois jolies pentures du xive siècle. Mais ce qui a
principalement attiré notre attention, c'est la porte
en bronze placée sur le flanc sud de la cathédrale.
Ce monument, fait au repoussé, retouché au bu-
rin, est composé de vingt-huit panneaux carrés
représentant des personnages et des animaux qui ne
paraissent avoir aucun rapport avec un édifice religieux; ces panneaux sont reliés par des bandes de
cuivre clouées et ornées aux rencontres par de petites
têtes d'hommes. Deux têtes de lions mordent les deux
anneaux qui servent à tirer les vantaux. Au xii^e
siècle ces panneaux ont été remaniés (ils appartenaient
probablement à une autre porte), reposés sur un
nouveau parquet et augmentés de sept autres panneaux plus petits, également en cuivre, représentant
quelques scènes de la vie de Samson. Mes compagnons et moi pensons que les panneaux anciens et
la plupart des têtes de clous ainsi que les deux heur-

toirs datent du ve ou du vi^e siècle; ce travail est quasi-
antique, le style des figures et leur exécution rap-
pellent grossièrement, il est vrai, mais de la manière
la plus évidente, les bronzes gréco-romains. Il n'y
aurait rien d'impossible à ce que les panneaux eussent
été fabriqués à Constantinople, et il serait difficile de
leur donner une origine locale. Quoi qu'il en soit,
c'est là un monument qui mériterait d'être moulé
pour notre musée du Louvre, et il n'est pas douteux
que S. M. le roi de Bavière n'autorisât ce travail.
D'ailleurs, quoique grossiers, ces bronzes n'ont
rien de barbare, et quelques-unes des figures qui
décorent les panneaux sont même d'un grand style;
nous citerons entre autres un personnage drapé qui
fuit devant un serpent, un jeune homme qui élève
une fiole au-dessus de sa tête, un autre pressant une
grappe de raisin dans sa bouche, un guerrier tenant
un étendard et un bouclier, la tête couverte d'une
calotte et vêtu d'un petit manteau; ces figures sont
vraiment belles. Plusieurs panneaux se répètent, ce
qui indiquerait qu'ils ont été fabriqués au moyen
d'une matrice et d'un mouton, comme nos cuivres
estampés. Ce détail de fabrication a bien son intérêt.

J'ai voulu voir s'il restait quelques traces des anciennes fortifications si curieuses d'Augsbourg, fortifications qui sont indiquées dans plusieurs cosmo-
graphies publiées en Allemagne pendant le xvi
siècle; mais les vieux bastions en clayonnages avec
leurs fausses braies flanquantes ont été englobés
dans de nouveaux ouvrages, et c'est à peine si, lorsque
l'on est prévenu, on aperçoit les restes des anciennes
dispositions défensives.

VIII

Prague, septembre 1854.

Lorsqu'on visite les pays voisins du nôtre, on aperçoit l'abîme profond qui nous sépare des populations avec lesquelles nous entretenons des relations journalières, et heureusement fort amicales. Je n'en parle, bien entendu, qu'au point de vue de l'art, et n'ai nullement la prétention de faire des incursions dans le domaine de la politique ou des mœurs. Si l'on peut appliquer aux peuples l'adage : « Connais-toi toi-même, » je dirai que pour nous connaître, il nous faut visiter nos voisins. Ces excursions mettent en évidence nos qualités et nos défauts, les ressources que nous possédons, ainsi que certains travers que nous caressons avec une vanité puérile. Sans sortir du sujet qui doit particulièrement nous occuper, expliquez-moi, si vous le pouvez, comment il se fait que la plupart des auteurs qui ont écrit sur l'architecture

chez nous ont fait des efforts inouïs pour démontrer
que nous ne pouvions avoir le droit de désigner l'architecture pratiquée en France du XIᵉ au XVIᵉ siècle
par cette simple appellation : *l'Architecture française*. A en croire tant d'écrivains érudits, l'architecture française commence au XVIᵉ siècle, c'est-à-dire
au moment où elle se fait italienne, romaine, où elle
cesse de vivre sur son propre fonds. Nous avons es-
sayé, en nous appuyant sur des preuves matérielles,
de rendre à notre architecture du moyen âge son
véritable nom ; aussitôt nous avons été accusé d'em-
ployer une ruse de guerre, sous une apparente sim-
plicité de masquer un but caché. Nous pensions avoir
rattaché un fleuron oublié à notre couronne déjà si
riche; non, c'est une tache dont nous chercherions à
la souiller, ou tout au moins un grossier bijou, une
œuvre barbare, que nous avons la prétention de souder au beau milieu de ce diadème. Les étrangers, les
Italiens et nos voisins d'outre-Rhin particulièrement,
qui nous connaissent ce faible, dont ils profitent largement, l'entretiennent par des flatteries plus ou
moins adroites, auxquelles nous nous laissons prendre, que nous traduisons fièrement, sans nous trop
apercevoir, tant nous aimons ce clapottement de la
louange, que les flatteurs vivent à nos dépens, qu'ils
établissent leur réputation sur la fausse opinion que
nous voulons avoir de nous-mêmes. N'avons-nous pas
vu un archéologue allemand, il y a quelques vingt
ans, prétendre, par exemple, que la cathédrale de
Cologne est le monument type de l'époque ogivale, le
premier en date, le patron sur lequel tous nos grands
édifices du Nord ont été taillés? Ce qu'il y a de piquant,
c'est que cette opinion était appuyée sur l'opinion

d'auteurs français, et qu'elle fut répétée, traduite et professée chez nous, par nous-même, jusqu'au moment où un jeune écrivain, sortant de sa province, vint démontrer pièces en mains que l'archéologue allemand se moquait du monde, de nous en particulier, — qu'il n'avait vu les édifices dont il parlait que du fond de son cabinet, que les dates données par lui étaient fausses, les mesures inexactes, et son système absurde. La réplique n'était pas possible, les preuves matérielles étaient là. Je me rappelle encore la mauvaise humeur, non pas des archéologues allemands, elle eût été légitime, mais de bon nombre de nos confrères aînés qui, à l'instar des Italiens, s'étaient habitués à désigner l'architecture française depuis le xiiie siècle jusqu'au xve sous le nom d'architecture *tudesque*, et qui n'en voulaient pas démordre.

Je vous ai dit ailleurs, je crois, que l'art véritablement allemand c'est l'art du xiie siècle : cet art est franc, indigène, il a son allure propre. A partir du xiiie siècle, l'architecture française s'infiltre en Allemagne; elle va s'implanter sur les bords du Rhin et jusqu'en Bohême, comme je vous le démontrerai bientôt. Il est intéressant d'observer comme le génie allemand s'empare de notre architecture nationale, l'exagère sans en comprendre l'esprit, finit par se l'approprier et par faire croire aux Italiens et à nous-mêmes, avec la gravité qui ne l'abandonne jamais, qu'il en est le père. En Allemagne, comme en Angleterre et en Italie, l'artiste est *patriote* avant tout et de tout temps; il ne veut pas admettre qu'il ait subi l'influence étrangère. Chez nous l'artiste, depuis le xvie siècle, ne se croit homme de savoir et de goût que lorsqu'il s'est inoculé les arts étrangers, lorsqu'il les vante et s'efforce de les imiter ; on lui ferait souvent un mauvais compliment en lui disant : « Voilà une belle œuvre ; cela ne rappelle ni l'antiquité grecque, ni l'Italie, ni l'Allemagne: votre imagination et votre bon sens naturel en ont fait les frais. » — « Pour qui me prend-on ? (dirait-il à part lui), n'ai-je pas été six mois en Angleterre, un an en Allemagne, trois ans en Italie et en Grèce? veut-on prétendre que je sois un ignorant? ... »

Permettez-moi de vous citer à ce sujet un de nos vieux poëtes français, mort en 1555, Charles de Sainte-Marthe. Les vers n'en sont pas mauvais et sont de grand sens.

« Ne veulx-tu donq, ô François, y entendre?
Ne veulx-tu donq virilement contendre
Contre quelcuns barbares estraugiers
Qui les François disent estre légiers?
D'où prennent-ils d'ainsi parler audace?
C'est seulement de la mauvaise grâce
Que nous avons des nostres dépriser
Et sans propos les aultres tant priser.

Qu'a l'Italie ou toute l'Allémaigne,
La Grèce, Escosse, Angleterre ou Espaigne
Plus que la France? Est-ce point de tous biens?
Est-ce qu'ils ont aux arts plus de moyens?
Ou leurs esprits plus aiguz que les nostres?
Ou bien qu'ils sont plus savants que nous aultres?
Tant s'en faudra que leur veuillons céder
Que nous dirons plus tost les excéder.

Un seul cas ont (et cela nous fait honte),
C'est que des leurs ils tiennent un grand compte,
Et par amour sont ensemble conjoincts;
Mais nous, François, au contraire, disjoints!

Car nous avons à escrire invectives
Pour nous picquer nos plumes trop hâtives.
Soudain prenons l'un à l'autre amytié,
Soudain aussi faisons inimitié ;
Soudain disons de nostre amy louange
Et puis, soudain, ce propos-là nous change.

Et qui pis est, quand aulcun entre nous,
En quelque chose est excellent sur tous,
Où nous debvrions, en consent unanime,
Le favorir et tenir en estime,
Si vers le Prince aulcun crédit avons,
Le reculons le plus que nous pouvons,
Ou nous taschons, par trop sotte escripture,
Faire son nom ou sa louange obscure :
Ce qui nous sert de bien peu ; car souvent
Tous nos efforts ne deviennent que vent.

. . . . »

J'ai vu des gens revenant de l'Exposition univer-
selle de Londres trouver mauvais que la coutellerie
française eût été fort prisée par les Anglais. Ils s'é-
taient, à grands dépens, fournis de coutellerie anglaise, et n'admettaient pas qu'ils eussent pu mieux
trouver, et à moins de frais, à Langres ou chez Char-
rière.

Les Allemands, les Anglais et les Italiens sont
(comme le dit Sainte-Marthe) : «... ensemble conjoincts.» Les artistes chez eux ne sont pas considérés
comme une caste séparée, entretenue ainsi qu'une
troupe de luxe, dont on ne se sert que les jours de
parade. En Allemagne, bien que les populations
soient moins aptes à comprendre les œuvres d'art
qu'en France, cependant l'art pénètre dans toutes les
classes, c'est un vêtement que personne n'oserait
rejeter ; à ce point de vue, l'esprit allemand est aussi

5

libéral que possible, et pense que l'art ne gâte rien.
Il n'y a qu'en France que l'on rencontre chez quelques personnes cette haine (je ne trouve pas d'autre
mot applicable) pour les œuvres d'art et ce qui s'y
rattache. Vous visiteriez toutes les écoles allemandes
que vous n'entendriez jamais émettre une opinion
du genre de celle-ci... Il s'agissait, je crois, d'examiner un plan d'enseignement pratique pour la construction des usines ; les détails discutés, un des savants chargés d'arrêter le programme du cours
exprima ainsi les scrupules qui le tourmentaient
encore : « Est-on bien sûr qu'on ne donnera pas des
idées d'art aux élèves ? » Ce mot dit par un esprit convaincu m'a paru exprimer naïvement une opinion
passablement répandue en France, et si je le relève
ici, ce n'est pas avec une intention ironique, mais
pour mettre à nu une de ces plaies qu'il faut sonder
afin de trouver le moyen de les guérir.

En Allemagne, comme en Italie, l'art est respecté
de tous, il est de la famille ; en France, l'art est pro-
tégé par les gouvernements, craint par l'homme de
science, mais c'est un étranger que l'on accueille
avec égard les jours de gala, sans le mêler à la vie
ordinaire ; et s'il vit, s'il jette une vive lueur, c'est
parce qu'il est instinctif, qu'il est dans le sang du
pays, malgré tout ce qui a été tenté, depuis Louis XIV
particulièrement, pour l'élever en serre chaude
comme une plante exotique à l'usage de quelques
privilégiés.

Il y aurait tout un livre à faire sous ce titre : « Des
relations diverses des artistes avec les populations et
les gouvernements en Europe. » Je crois que ce livre
serait non-seulement intéressant, mais encore in-

structif. Les artistes de tous les pays ont à peu près
le même esprit, les mêmes défauts et les mêmes
qualités, car l'art est *un*, tous ses apôtres agissent
suivant une loi commune. Ici on les exalte outre
mesure ; là on les redoute ; ailleurs on les flatte sans
savoir s'en servir et sans les comprendre. Or depuis
quelques années il se passe un fait curieux : par suite
des relations journalières et intimes qui se sont
établies entre tous les pays de l'Europe occidentale,
il s'est formé dans le monde artistique une sorte de
franc-maçonnerie intellectuelle. Comme les goutte-
lettes de mercure dispersées sur un plat finissent par
se réunir en une seule masse sous l'influence du
moindre mouvement, les artistes européens, mem-
bres d'une même famille, tendent chaque jour à de-
venir un seul et même corps. Le commerce n'établit
que des relations d'intérêts matériels, mais la pratique des arts en initiant les artistes à une même
croyance (car l'art est une croyance qui n'est divisée
par aucun schisme), suppose une communauté d'idées,
de goûts, de tendances se dirigeant vers un même but
moral. Ce n'est pas à dire que nous devions en venir à
élever à Vienne, à Berlin, à Milan, à Londres et à Paris des monuments sur le même modèle, à faire de la
peinture ou de la sculpture sous une même inspiration ; au contraire, ces relations entre artistes ont eu
pour résultat de faire mieux comprendre à chacun
son rôle, ses facultés, les principes qui doivent le diriger. Nous ne sommes redevenus un peu Français
que depuis que nous voyageons à l'étranger ; en ap-
préciant les qualités de nos voisins, nous apprenons à
connaître et à mieux appliquer les nôtres. Le résultat
de ces relations sera une confiance plus sûre en ses

propres forces, et par suite cette indépendance nécessaire au véritable développement des arts ; indépendance qui nous manque depuis si longtemps et sans
laquelle l'art n'est plus même une profession, mais
un caprice assez cher, une mode méprisée lorsqu'elle
est remplacée par une nouvelle. Ce n'est qu'en deve-
nant Européen, dirai-je, que l'art pourra s'affranchir
de l'influence étroite des coteries, quitter les sentiers
de la fantaisie pour suivre la route du bon sens, qui
est toujours celle du beau. Les Allemands sont des
Gascons graves et réfléchis ; ils ne sont jamais dupes
d'eux-mêmes et ne sont Gascons que pour les autres ;
s'ils posent leurs artistes sur des piédestaux, s'ils sont
parvenus, en le répétant avec l'air le plus convaincu
et du ton le plus sérieux, à faire croire en France à
la supériorité de leur architecture, de leur peinture
et de leur sculpture, au fond ils connaissent beaucoup mieux que nous le niveau réel des arts en Occident. Ils étudient avec une persévérance silencieuse
tout ce qui s'est fait en Europe depuis les premiers
temps du moyen âge ; ils ont la faculté de s'approprier
les œuvres d'imagination, de les revêtir d'une couleur allemande et de les faire passer ainsi pour quelque chose de leur crû. Le jour où nous ne leur ser-
virons plus de compères, ils nous estimeront davan-
tage comme artistes ; car les Allemands possèdent les
qualités qui nous manquent, comme nous sommes
largement pourvus de celles qui leur font défaut. Ces
qualités connues de part et d'autre, ils quitteront leur
rôle de Gascons et nous celui de niais ; nous y gagne-
rons et eux aussi. Cette révolution dans les rapports
internationaux des artistes est faite déjà avec l'Angleterre, et nous en voyons chaque jour les heureux

effets. Les Anglais ont beaucoup à prendre chez nous ;
ils ne s'en font pas faute ; nous prenons beaucoup
chez eux et nous ne nous en trouvons pas plus mal,
sans que pour cela nous fassions en France de l'architecture anglaise, ni que les Anglais élèvent des
monuments français. Nous avons été à même de
suivre les phases de cette petite révolution, en ce qui
concerne au moins l'architecture, et nous devons
reconnaître que les architectes en Angleterre ont
pour nous une estime particulière depuis que l'on
s'est mis sérieusement à étudier en France l'architecture française, depuis que l'on commence à l'apprécier et à s'en servir. Lorsqu'il y a vingt ans, nous
n'avions en France qu'*un seul* ouvrage d'architecture
sur nos monuments de la Normandie, le volume de
Pugin, les rapports entre les architectes des deux
pays étaient nuls ; nous avions beau donner à tous
nos monuments du Nord une origine anglaise (on
avait alors cette singulière manie), les Anglais ne
nous savaient pas gré de notre ignorance, et trai-
taient nos architectes assez cavalièrement. Il n'en est
plus de même aujourd'hui : ils profitent de nos études
et nous profitons des leurs.

Mais je vois, mon cher confrere, que je me laisse
entraîner loin du but de ma lettre, car je voulais
vous parler de Bamberg et de sa belle cathédrale ;
ce sera pour la prochaine fois. Vous ne m'en voudrez
pas, je l'espère, non plus que nos lecteurs, de m'être
ainsi étendu sur un sujet qui a bien son intérêt puis-
qu'il touche à l'étude et à l'avenir de notre art.

IX

Prague, septembre 1854.

Bamberg est une jolie ville bien située, qui possède l'un des plus remarquables monuments de l'Allemagne, la cathédrale. Cet édifice date en grande partie du XIIe siècle, et, chose rare, lorsqu'on traverse le Rhin, il présente de très-beaux exemples de la statuaire de cette époque. On est tenté de croire qu'à Bamberg même, il existait une école d'artistes sculpteurs et peintres, supérieure à celle dont on retrouve les produits sur les bords du Rhin et dans le reste de la Bavière. C'est à Bamberg qu'il faut aller étudier l'art du moyen âge en Allemagne, si brillant et si original pendant le XIIe siècle. Les édifices de cette époque que nous voyons sur les bords du Rhin sont assez pauvres en statuaire, et l'iconographie des cathédrales rhénanes est loin de présenter cette abondance et cette variété que l'on rencontre en France.

La sculpture d'ornement des édifices rhénans est assez médiocre comme composition et exécution ; elle fatigue par sa monotonie. On est promptement rassasié de ce chapiteau cubique reproduit à profusion, et surtout de ces profils lourds, bâtards, qui sont si éloignés de la pureté de nos profils français de la Bourgogne, de l'Auvergne, de la Saintonge et de la Guyenne. Ces défauts sont, il est vrai, rachetés dans les monuments religieux allemands, par une certaine grandeur de disposition, par une entente des masses, par la beauté des plans et un air de famille avec l'antiquité romaine qui ont bien leur mérite ; mais lorsque l'on veut étudier les détails de ces masses imposantes, on est frappé de la stérilité des artistes et de la pauvreté de leur imagination. A Bamberg, il n'en est pas ainsi ; la cathédrale a toutes les qualités d'ensemble des monuments rhénans, et sa sculpture, les détails de son architecture, les profils, sont évidemment le produit d'une école forte, puissante, et qui peut rivaliser avec nos bonnes écoles françaises ; elle a de plus le mérite d'être originale, qualité que nous ne pouvons reconnaître à l'école allemande des XIII\e et XIV\e siècles. La cathédrale de Bamberg possède en outre l'avantage d'avoir conservé sans mutilations graves sa statuaire et des dispositions intérieures primitives que nous ne retrouvons plus en France dans les édifices religieux d'une époque aussi reculée. Son chœur, tourné vers l'orient, est, comme ceux des cathédrales romanes du Rhin, élevé d'un assez grand nombre de marches au-dessus d'une vaste crypte ; il est encore entouré d'une clôture en pierre du XII\e siècle, couverte de figures d'apôtres d'un grand caractère, disposées dans une arcature fort riche, sur laquelle on retrouve de nombreuses traces de peintures. Le sanctuaire occidental (car la cathédrale de Bamberg est à deux absides) est ceint d'une clôture enrichie de peintures du commencement du XIIIᵉ siècle, représentant des personnages de l'Ancien et du Nouveau Testament. Quoique ces peintures soient fort altérées par le temps, on peut encore y reconnaître la touche de maîtres habiles. La nef renferme encore un assez grand nombre de tombeaux et de monuments commémoratifs d'un grand intérêt. On retrouve aussi sur la voûte de l'abside occidentale de nombreuses traces de peinture d'ornement. Mais ce qui a particulièrement attiré notre attention après la belle clôture sculptée du sanctuaire, ce sont les trois portes qui s'ouvrent, l'une au nord, et les deux autres des deux côtés de l'abside orientale de la cathédrale. Les ébrasements de la porte du nord nous présentent en sculpture de grandeur naturelle un symbole que nous n'avons vu reproduit que sur les vitraux du croisillon sud de la cathédrale de Chartres : ce sont les douze apôtres montés debout sur les épaules des prophètes de l'ancienne loi ; les apôtres sont nimbés et les prophètes ne le sont pas. Ces figures doubles, adossées suivant l'usage à des colonnes, sont surmontées de chapiteaux dans chacun desquels est sculpté un oiseau tenant un phylactère dans son bec, et qui figure certainement l'Esprit saint inspirant les disciples du Sauveur. Cette série de figures doubles est terminée à la gauche du spectateur par la statue de l'Eglise, de même grandeur, couronnée, et tenant un étendard, aujourd'hui brisé, ainsi que le bras droit qui le tenait. Sous cette statue on voit les quatre évangélistes, personnifiés par les quatre animaux symboliques accouplés : le Lion et le Bœuf, dans la partie inférieure ; l'Ange et l'Aigle, au-dessus. Sous les quatre animaux est une figure assise, sur les genoux de laquelle est un phylactère qu'elle marque de la main gauche, tandis que son bras droit élevé semble montrer les évangélistes ; la tête est malheureusement brisée. Quelle est cette figure ? Est-ce un prophète ? Est-ce le Christ, placé dans une position si secondaire ? Nous laissons à plus savants que nous le soin de résoudre cette question. A la droite du spectateur, sur le pied droit, en avant de l'ébrasement et en pendant avec la statue de l'E-glise, est la figure de la Synagogue, les yeux bandés, sans couronne, son étendard brisé, les tables de la loi s'échappent de ses mains. Sous cette statue est un juif, reconnaissable à son bonnet terminé en pointe ; un petit démon dont les pieds sont armés d'ailes, mais dont la tête est brisée, le surmonte. Ces deux statues de l'Eglise et de la Synagogue datent du XIIIᵉ siècle, tandis que celles des apôtres montées sur les épaules des prophètes appartiennent au XIIᵉ siècle. Toutes sont d'ailleurs d'un fort bon style. La porte ouverte du côté nord de l'abside orientale présente, dans les ébrasements, des colonnes unies surmontées de chapiteaux, portant une frise sur laquelle sont encore sculptés les apôtres assis. Un seul phylactère est tenu par chacune des séries de six de la main gauche ; dans la main droite, les apôtres portent des attributs, des croix : saint Jean un calice, saint Pierre les clefs, etc. Le tympan représente la légende de saint Georges. Sur le pied droit de la porte côté sud, en pendant avec celle-ci, on voit les statues d'Adam et d'Ève, grandes comme nature et fort remarquablement traitées. C'est la première fois que nous rencontrons ces deux figures sculptées dans cette position et de dimension naturelle. Ces deux portes appartiennent à la seconde moitié du XIIe siècle. Vous voyez, mon cher confrère, que les archéologues auraient une ample moisson de commentaires à faire sur l'iconographie de la cathédrale de Bamberg, car je ne vous signale ici que certaines particularités qui ont attiré mon attention, et n'ai point la prétention de vous donner une description complète et détaillée de ces intéressantes sculptures; cela eût demandé beaucoup de temps, je n'en avais guère, et beaucoup de savoir, qui me manque. Mais si comme archéologue mon examen est incomplet, comme artiste je l'ai fait avec soin : il en est résulté pour moi cette conviction, que la sculpture de la cathédrale de Bamberg est de la plus haute importance au point de vue de l'art de la statuaire au moyen âge. Les sculptures de la clôture orientale du chœur ont surtout été pour moi un trait de lumière; c'est là l'expression d'un art développé en Allemagne.

Il est curieux de comparer ces sculptures avec celles, en grand nombre, qui appartiennent à la même époque en France. Nous avons sur le territoire actuel de la France trois grandes écoles de statuaire au XIIe siècle : l'école bourguignonne, l'école française proprement dite et l'école méridionale dont le siége est en Aquitaine et qui rayonne jusque dans le Poitou et le Languedoc. De ces trois écoles, celle qui a le plus de rapports avec l'école allemande, c'est naturellement l'école bourguignonne, et ce sont ces rapports qui rendent d'autant plus frappant les caractères particuliers à la statuaire allemande. La qualité prin-

cipale de la statuaire bourguignonne au xıı° siècle,
c'est l'étude scrupuleuse et fine du geste ; la panto-
mime est dans les bas-reliefs, les statues, rendue avec
une vérité et une sagacité rares, et dont l'observation
devient un enseignement profond ; mais, en Bourgogne, dans aucun cas, cette application fine de la partie
dramatique de la statuaire ne tombe dans l'exagération ; s'il y a naïveté dans le *faire*, le geste est bien
éloigné de cette qualité primitive, il indique au contraire un art très-développé, appuyé sur une observation complète et perfectionnée de la nature. En
Allemagne, à Bamberg, nous retrouvons ce même art,
déjà empreint d'une exagération théâtrale, mais aussi
très-savante, jusqu'à influer sur le *faire*, sur l'exécution. Ces figures d'apôtres qui sont rangées deux par
deux dans l'arcature du chancel du chœur, sont
toutes animées ; elles ne discourent pas entre elles,
elles discutent avec une âpreté dans le geste, dans
la physionomie, qui ne laisse pas de préoccuper le
spectateur, en outrepassant le but que le statuaire
s'est proposé d'atteindre. On voit déjà percer dans la
statuaire du xııe siècle de Bamberg la propension des
artistes allemands vers le *maniéré*, mais avec une certaine grandeur de style qui disparaît un siècle plus
tard. Il est donc curieux d'observer ici comme les
caractères nationaux apparaissent dans les œuvres
d'art les plus éloignées de notre époque, et comme
ils se conservent en dépit des transformations, du
progrès et de la dégénérescence de l'art. Prenez la
statuaire de Bamberg d'une part, et les peintures de
Cornélius de l'autre, vous retrouverez dans ces œuvres, exécutées à sept cents ans de distance, la même
disposition à l'exagération, le même désir d'éton-

ner bien plus que de toucher, la vérité dépassée.

A mon sens, dans les œuvres d'art, ce qui attache, ce qui captive, ce qui charme, ce n'est pas la multi-plicité des idées, c'est le développement d'une idée. Le défaut des artistes allemands ç'a toujours été de prétendre à trop d'idées ; ils étouffent ainsi leurs meil-leures inspirations. C'est en cela que les Grecs seront toujours nos maîtres ; ils prennent un thème simple, facile à saisir pour tous, ils le développent avec amour, ils le reproduisent sous toutes les formes, et quand ils ont ainsi fait pénétrer leur inspiration première dans les cerveaux les plus réfractaires, ils arrivent à la der-nière limite du dramatique et s'arrêtent à temps pour laisser à l'imagination de chacun le soin de déve-lopper les conséquences de la pensée mère.

Mais rentrons dans la cathédrale de Bamberg. Je recommanderai aux artistes et aux archéologues les belles tombes en cuivre gravé du XVIe siècle qui sont dé-posées dans la salle capitulaire ; ce sont celles des cha-noines. Plusieurs de ces tombes sont d'un dessin très-remarquable. Il ne faut pas omettre de voir aussi un Christ en ivoire posé sur l'autel du croisillon sud, qui me paraît être du XIe siècle et qui est fort beau ; les stalles du XIVe siècle qui sont passablement sculptées ; le tombeau du pape Clément II, élevé au XIIIe siècle et dont le sarcophage est décoré de figures des vertus. Dans le trésor il faudra voir un couteau dont le manche en ivoire couvert de beaux entrelacs date de l'époque carlovingienne ; une crosse du XIIe siècle, dont la volute est décorée de figures représentant l'Annonciation ; un porte-lampe en cristal de roche remonté en vermeil et qui me paraît appartenir au XIe siècle ; deux coffres avec émaux du XIIIe siècle assez beaux, l'un d'eux est garni de figures d'ivoire de la fin du xiie siècle ; quatre chappes dont les dessins et figures en étoffes d'or sont rapportés sur un tissu de soie bleue, qui passent avec raison, je crois, pour avoir appartenu à saint Henri. Trois de ces chappes sont particulièrement belles et curieuses; dans l'une d'elles on remarque mêlés à des sujets chrétiens les travaux d'Hercule. Il faudrait beaucoup de temps pour recueillir les objets précieux que renferme le trésor de la cathédrale de Bamberg, et j'ai dû me borner malheureusement à prendre quelques croquis des parties les plus intéressantes du monument. Il en est de l'Allemagne comme de tous les pays que l'on va visiter : on éprouve souvent de cruels désappointements lorsqu'on voyage sur la foi des meilleurs guides; on perd beaucoup de temps à examiner des œuvres médiocres et dont la réputation est fort au-dessus de la réalité, et à peine souvent s'il vous reste quelques heures pour étudier des œuvres d'art de la plus grande valeur, dont personne ne parle. Parmi les fausses réputations dont nous avons été les victimes, un des désappointements les plus complets est celui qu'il nous a fallu subir à Tegern-See. A Paris, des personnages dignes de foi nous avaient assuré qu'il existe dans l'église de Tegern-See des vitraux du ixe siècle; rien que cela ! La chose valait la peine d'être vue. Nous admettions bien qu'il fallait faire la part de l'exagération, nous rabattions deux siècles, et nous trouvions encore qu'on pouvait se déranger pour voir des vitraux du xie siècle. Tout le long de la route, à Bâle, à Constance, à Insbruck nous demandions si on pouvait nous donner des nouvelles des vitraux de Tegern-See. Le fait était certain à Pa-

ris : il était à peu près ignoré à Insbruck. Dès lors
j'augurai mal de notre expédition de Tegern-See, et
disais à mes compagnons : « Vous verrez que les
vitraux se trouveront être du xiiie siècle, et encore ! »
Nous arrivons de grand matin à Tégern-See. « Où
est l'église ?—La voilà. » C'est un mauvais édifice du
dernier siècle. « L'autre ?—Il n'y en a pas.—C'est impossible !—Si fait, il existe une petite chapelle en bas
de la ville, le long du lac.—Voilà notre affaire ; une
petite chapelle à peu près ignorée, ce doit être là. »
Nous arrivons à la chapelle, misérable petit monument percé de deux ou trois fenêtres avec des verres
blancs. « L'autre ?—Eh ! parbleu il n'y a pas d'autres
églises ; n'en avez-vous pas assez de deux pour entendre une messe ? » C'était un dimanche. Si bien
qu'après avoir couru Tegern-See et ses environs,
en demandant des vitraux à tous les habitants et
sans même avoir rencontré un morceau de verre
coloré, il fallut nous résoudre à nous promener sur
le lac et à dîner. Il faut dire que ce pays vaut tous
les vitraux du monde et que nous prîmes fort gaie-
ment notre mésaventure entre la plus admirable vue
et un fort bon dîner ; car en Allemagne, du moins,
il vous reste toujours la ressource des bonnes au-
berges. On n'en peut pas dire autant chez nous.

X

Prague, septembre 1854.

Nous sommes arrivés à Prague au petit jour par un temps magnifique. L'aspect de la ville, à cette heure, a quelque chose de féerique ; on croirait voir une de ces toiles de fond de l'Opéra sur lesquelles nos décorateurs, à qui les monuments ne coûtent rien, accumulent les flèches aiguës, les palais, les grandes lignes de murs crénelés et de jardins s'étageant jusqu'au sommet de coteaux perdus dans la fraîche vapeur du matin. Prague est bien une ville du moyen âge, belle, bien percée, couverte d'édifices énormes, à cheval sur une grande rivière, et couronnée par un acropole qui conserve l'aspect d'une vaste citadelle gothique, avec son enceinte de murs suivant les sinuosités de la colline qui lui sert d'assiette. Nuremberg, malgré ses richesses architectoniques, fatigue par la multiplicité des détails ; les édifices les uns sur les autres, petits,

donnant sur des rues ou des places étroites, ne per-
mettent au regard de se reposer nulle part. Il semble
que l'on a voulu, dans cette ville, réunir sur un seul
point tout ce que l'art du moyen âge a pu enfanter ;
c'est un magasin de bric-à-brac plutôt qu'une cité.
Mais Prague est une capitale, dans laquelle on sent
la puissance d'un grand peuple ; on aperçoit, à
travers les toits aigus de la ville basse, les longues
lignes horizontales de la vieille cité, couvertes de
monastères et de palais entremêlés de jardins magnifiques. Il ne faut pas examiner tout cela de trop près ;
ce n'est pas par la pureté des détails que brillent les
monuments de Prague, mais par l'ampleur et un
certain air aristocratique qui n'exclut pas le pittoresque. Prague a d'ailleurs pour nous un intérêt tout
particulier. Pendant les xiiie et xive siècles, la Bohême
était la fidèle alliée de la France. Un roi de Bohême
fut tué à la bataille de Crécy, à côté des nombreux
chevaliers français qui périrent dans cette funeste
journée, et les relations entre les deux pays étaient
très-intimes. Nous désirions voir si les monuments
de la capitale de la Bohême conservaient quelques
traces de cette ancienne alliance ; or notre attente a
été dépassée. Les édifices de Prague antérieurs à la
fin du xive siècle sont français ; le dôme (la cathédrale) est bâti par un Français, Mathieu d'Arras, en
1344, appelé en Bohême par le roi Jean et son fils
Charles, margrave de Moravie. Le nom de cet architecte n'aurait-il pas été conservé, que le style de la
partie la plus ancienne de ce monument, qui date du
milieu du xive siècle, nous indiquerait son origine.
Le gothique allemand de cette époque s'éloigne sen-
siblement du nôtre ; et dans les chapelles absidales

du dôme de Prague nous retrouvons, non-seulement le plan français, mais les détails de l'architecture et de la sculpture, sans aucun mélange tudesque. Fiers de cette découverte après une première visite dans la cité, nous passions sur le vieux pont fortifié jeté sur le Moldau lorsqu'en levant les yeux sur la belle porte qui défend l'entrée de ce pont vers la ville basse, nous aperçûmes, parmi les nombreux écussons armoyés qui couvrent les parements, l'écu de France; semé de fleurs de lis sans nombre, par conséquent antérieur à Charles V. Quelques parties de l'ancien hôtel de ville nous rappelèrent encore notre bonne architecture picarde de la fin du XIIIe siècle; tandis que tout ce qui fut bâti à Prague à partir du commencement du XVe siècle est empreint du goût allemand avec une certaine dose d'influence orientale.

J'étais ravi, quant à moi, de retrouver ainsi à deux cent cinquante lieues de nos frontières des traces de notre belle école d'architectes français du moyen âge, et cela venait confirmer l'opinion que je m'étais faite de l'influence considérable qu'avait acquis cette école en Europe. Je me mis donc à prendre des notes et des croquis devant la porte de défense du vieux pont; en étudiant ainsi avec plus de soin ce remarquable monument, admirablement conservé, et dont la statuaire est respectée, je reconnus bientôt nos profils français, le système de construction, la sculpture de la Picardie, certains détails d'architecture qui sont particuliers à cette province, tout en me demandant par quel singulier travers d'esprit nous avons voulu si longtemps voir dans nos monuments du moyen âge une importation allemande, pourquoi nous prétendions répudier un art que les étrangers

6

tenaient à honneur de reproduire chez eux. Je me souviens d'avoir fait, il y a longtemps, ces observations devant un vieux professeur d'allemand à l'École Polytechnique, mort aujourd'hui. Il me fit cette réponse: «Les Français n'ont de patriotisme que « lorsqu'il s'agit de batailles ou de modes. Dites à un « Français que les armées de son pays ont parfois « été battues, il tiendra à vous prouver que leurs « défaites n'ont jamais été causées que par des cir- « constances extraordinaires, supérieures aux calculs « ou au courage humain; dites-lui que les femmes « sont mieux mises à Berlin qu'à Paris, il haussera « les épaules. Mais si vous soutenez devant lui qu'il « a pris à l'Italie, à l'Allemagne, à l'Angleterre, ses « arts et sa littérature, il abondera dans votre sens. « Pourquoi cette bizarrerie?—je ne sais; le Français, « pour tout ce qui tient à la culture et au développe- « ment des arts, est comme l'horticulteur dont l'a- « mour-propre est flatté s'il possède ou croit posséder « dans son jardin un grand nombre de plantes exo- « tiques; un bluet du Cap, en tant qu'il y ait des « bluets au Cap, fût-il bien au-dessous des bluets « de la plaine Saint-Denis comme couleur et comme « forme, attirera tous ses soins; il se désolera le jour « où il revêtira les riches couleurs de la fleur de ses « champs. »

Mais je vous ferai grâce de nos propos à ce sujet; revenons au vieux pont de Prague: il se compose de dix-sept arches dont les plus grandes ont vingt mètres d'ouverture; il est admirablement construit en grès et est terminé à chaque bout par deux grandes portes fortifiées de l'effet le plus pittoresque. Celle du côté de la ville, bâtie évidemment par un archi-

tecte français, est, comme je vous le disais, fort belle,
couverte de sculptures, d'ornements et de figures
d'un beau style; flanquée de charmantes échauguettes aux angles, portées sur des colonnes dégagées,
elle se termine par un riche crénelage recouvert d'un
comble en ardoises avec de petites flèches sur les
quatre échauguettes. Nous avons fait une seconde
visite à la cathédrale, et prenant le temps de l'examiner en détail, nous sommes entrés dans une chapelle bâtie du côté sud à l'entrée de la nef, dont la
décoration est du plus grand intérêt.

Elle se compose d'un soubassement couvert de
riches gaufrures dorées simulant une arcature. Des
figures d'apôtres sont peintes dans chaque comparti-
ment, et les gaufrures de l'arcature sont incrustées
d'un nombre considérable de plaques de pierres dures
polies, du plus vif éclat, telles que jade, améthiste,
cornaline, agate, rouge antique.

Au-dessus de cette décoration inférieure se développent des peintures à fresque représentant la vie
de saint Venceslas. Malheureusement ces peintures
sont retouchées d'une façon barbare; elles étaient fort
belles, autant qu'on en peut juger par les parties
laissées intactes, et paraissent appartenir à l'école
française bien plus qu'à l'école allemande du XVe siècle. Cette chapelle est fermée par une porte composée
de bandes de tôle croisées en losanges et attachées au
moyen de clous d'un joli travail. Une tête de lion en
bronze avec anneau sert de poignée au ventail. On
prétend que saint Venceslas se tenait à cet anneau
lorsqu'il fut assassiné. Les Allemands, vous le voyez,
sont conservateurs à Prague comme partout : les fontaines des XVe et XVIe siècles, les colonnes avec leurs

statues et leurs écussons armoyés abondent dans cette
ville, et si ces monuments ne sont pas irréprochables
sous le rapport du goût, ils ont l'avantage d'être complets, et de donner aux places et aux rues un aspect
pittoresque très-attrayant. Les flèches des églises,
couvertes en ardoises et plomb, flanquées de plusieurs étages de fines échauguettes élégamment disposées, forment des silhouettes ravissantes au-dessus
des grandes lignes horizontales des vastes palais qui
remplissent la ville ; et lorsque l'on voit, du sommet
du jardin qui domine l'embarcadère du chemin de
fer, l'ensemble de ces constructions se détachant sur
le ciel et la ville haute, cette forêt de flèches qui se
perdent dans la vapeur du soir, on se croirait transporté devant une grande ville du moyen âge, non
point abandonnée et dévastée, mais jeune, vivante,
industrieuse, fière de ses monuments et de sa splendeur.

L'architecture de Prague offre d'ailleurs un curieux
amalgame d'influences diverses : elle semble tenir à la
fois du Nord et du Midi. Outre l'influence française
bien tranchée, on y sent comme un parfum oriental,
on y trouve la rigidité des lignes italiennes traversées
par les fines découpures verticales de cités allemandes. Cela donne à cette ville un caractère particulier, étrange, qui ne manque ni de grandeur ni
d'harmonie. Le défaut général des vieilles villes allemandes c'est une certaine recherche dans les détails,
un désir de produire de l'effet qui rapetisse toute
chose. Il semble qu'on n'y peut respirer à l'aise ; tous
les monuments sont rapprochés et souvent hors
d'échelle, trop petits ou trop grands pour leur
destination et la place qu'ils occupent. La partie

neuve de la ville de Munich, où le roi Louis a voulu
réunir dans une seule rue des édifices énormes, est
ridicule ; on se demande où est la population pour
laquelle ces masses de matériaux ont été ainsi accu-
mulés ; c'est comme si l'on avait réuni un des grands
quartiers de Versailles à Joigny, à Melun ou à quel-
qu'autre ville de troisième ordre. Prague est une
capitale et en a l'aspect. Admirablement plantée sur
les deux rives d'une large rivière, elle a conservé sa
physionomie à la fois aristocratique, religieuse, mili-
taire et industrielle. Si l'on restait longtemps à
Prague, si l'on pouvait visiter ses vastes couvents,
ses palais, ses arsenaux, je suis persuadé qu'on y
trouverait quantité de précieux restes du moyen âge,
des traditions scrupuleusement conservées ; je n'ai
pu malheureusement y faire un long séjour ; après
avoir pressenti les richesses qu'elle doit contenir, il
m'a fallu reprendre le chemin de fer et songer au
retour. J'espère que parmi nos confrères, il s'en trou-
vera qui pourront consacrer plus de temps à visiter
cette belle ville, et recueillir quantité de renseignements précieux sur ses monuments.

XI

Mayence, septembre 1854.

Il faut voir Dresde, non pour ses monuments, qui dépassent en style *rococo* tout ce qu'on peut imaginer de plus bouffon. Les toiles de l'Opéra, quand l'Opéra se jette à corps perdu dans l'architecture du dernier siècle, sont froides et sages auprès des édifices de Dresde ; aussi ne vous en dirai-je pas plus sur les monuments de cette ville, ne me reconnaissant pas apte à les comprendre et par conséquent à les décrire. Mais ce qu'il faut voir, et voir avec soin à Dresde , ce sont les musées. Le musée de peinture est un des plus riches de l'Europe et des plus variés ; les toiles vénitiennes y sont particulièrement belles et bien conservées ; la *Vierge au donataire* de Raphaël est certainement une des œuvres les plus remarquables de ce maître ; les copies et la gravure ne peuvent en donner qu'une idée fort incomplète. Impossible , d'ailleurs, de reproduire l'exécution de cette grande peinture; ayant pu l'examiner de près, grâce à un échafaud disposé pour permettre à M. Maréchal fils de faire la bonne copie que nous avons de lui à Paris, je ne saurais dire comment cette toile est couverte, quels ont été les procédés employés. Ce n'est ni de la fresque, ni de l'huile, ni un carton colorié, ni un pastel, et c'est tout cela ensemble, ou plutôt les qualités de ces différents procédés réunies, avec une largeur et une habileté surhumaines. Les véritables grands maîtres seuls, et Raphaël le premier parmi tous, ont cela de particulier qu'ils n'adoptent jamais une *manière*, ils cherchent sans cesse avec la certitude de trouver; le style qui leur appartient en propre et qui est comme l'âme de leur peinture laisse une empreinte inaltérable; quant à l'exécution, elle varie à l'infini. Pour ne parler que de tableaux peints sur toile, l'exécution de la Vierge de Dresde ne ressemble pas plus à l'exécution de la *Belle Jardinière* que le *faire* de ce tableau ne ressemble au *faire* de *la Transfiguration*. Si ces peintures n'étaient pas pénétrées de ce style incomparable qui n'appartient qu'à Raphaël, on ne pourrait croire qu'elles sont sorties de la même main. A mon avis, ce sont les artistes d'ordre secondaire qui adoptent une *manière* et des procédés invariables; les hommes d'un génie vrai ne se croient jamais arrivés et se donnent des démentis pendant tout le cours de leur carrière. Je vous disais qu'à Dresde les Vénitiens occupent une belle place. Il y a dans ces galeries, entre autres chefs-d'œuvre de cette école, un Titien qui m'a profondément ému; c'est un petit tableau, le *Christ a l'obole*. La tête du Christ est, suivant mon sentiment, la plus

noble expression de l'Homme-Dieu. Un personnage
à la figure basse et rusée, une sorte de paysan madré,
lui présente l'obole. La façon dont le Christ regarde
cet homme, le mépris mêlé de pitié qui se peint sur
ses traits, la grandeur et le calme de cette physionomie qui semble s'offenser de la grossièreté du piége
bien plus que du piège lui-même, font de cette toile
une œuvre incomparable. C'est un Christ quelque peu
grand seigneur, mais je n'y vois point de mal ; c'est,
passez-moi l'expression, un homme *comme il faut*,
habitué à regarder de haut les faiblesses et les vanités
humaines, mais sans orgueil, et dont la figure reflète
une vie pure et l'âme la plus grande et la plus maî-
tresse d'elle-même. Titien aime ces figures calmes et
dont l'expression est tout intérieure ; ses Christ sont
toujours compris ainsi, et il me semble être de tous
les peintres de la renaissance, sans en excepter Raphaël, celui qui a le mieux rendu l'esprit du divin
Sauveur, la plus haute noblesse de pensée et la fer-
meté mêlées à une indulgence et une pitié inépuisa-
bles. Les Christ du Titien pensent, savent, prévoient
et ne disent que ce qu'ils veulent ; ce sont des réformateurs, et des réformateurs comprenant les passions
sans les partager, divins enfin. Ceux de Raphaël sont
de belles figures pleines de noblesse et de douceur,
mais qui ne paraissent pas comprendre les épreuves
de la lutte. Raphaël a fait du Christ un Dieu au milieu
des hommes, calme et serein, beau et noble. Le Titien
en a fait le Dieu hommé. La vie et le caractère de ces
deux artistes peuvent expliquer cette différence dans
la façon de rendre la figure du Sauveur. Quoi qu'il
en soit, les artistes modernes qui s'adonnent à la
peinture religieuse feraient bien, je crois, d'étudier

ces modèles. Depuis quelques années, nos peintres
se sont fait un type de la figure du Christ qui me paraît fort éloigné de l'esprit de l'Évangile. Ce sont toujours des figures fades, sentimentales, efféminées,
plutôt froides que nobles, plutôt faibles que douces,
qui respirent l'ennui et la vulgarité du beau modèle
qui *pose pour la tête*. Je préfère à ces pâles images les
traits rudes et barbares du Christ grec avec ses grands
yeux fixes, ses lèvres minces et ses longues joues
plates; cela du moins laisse une impression dans
l'esprit. C'est un Dieu sauvage, mais c'est un Dieu.
Si le christianisme n'est pas rude et barbare, il est
encore moins plat et doucereux ; la gloire des grands
artistes de la renaissance italienne, c'est d'avoir évité
ces deux écueils, la rudesse ou la fadeur.

Je me laisse entraîner à parler peinture italienne à
propos de Drésde, mais c'est la faute de Dresde et
non la mienne. C'est à de plus compétents que nous
à traiter de ces matières. Quittons donc ce musée de
peinture et allons visiter celui des armes. Figurez-
vous un arsenal du commencement du XVIe siècle,
complet, assez bien fourni pour équiper une petite
armée, cavalerie et infanterie : rien ne manque, non-
seulement les armures, mais les harnais des chevaux,
avec leurs courroies, leurs housses, leurs pennons,
lances, écus, et sur les armures les cottes armoyées,
sur les heaumes les cimiers fantastiques avec leurs
lambrequins de cuir déchiquetés et colorés. Des épées
de toutes sortes, des couteaux, des poignards, pertui-
sanes, épieux, masses ; la quantité en est innombrable.
Beaucoup de ces armes défensives et offensives sont
d'un travail précieux. Quelques harnais sont couverts
de pierreries. Ajoutez à cette collection, dont je n'en-

treprendrai pas la description, la tente prise par
J. Sobieski sur les Turcs, avec tous les objets qu'elle
contenait ; c'est une des plus splendides réunions
d'armes précieuses que l'on puisse voir, et tout cela
est intact, conservé depuis deux siècles avec un soin
religieux. Ajoutez encore (si vous voulez avoir une
idée de l'esprit conservateur des Allemands) les boîtes
que Napoléon Ier portait à la bataille de Dresde et
qu'il fallut couper pour les lui ôter, tant elles étaient
pénétrées par la pluie. L'arsenal de Dresde possède
quelques armes anciennes des XIIIe et XIVe siècles,
mais en petit nombre.

Il faut voir encore, près des portes de Dresde, le
musée d'objets du moyen âge réuni dans le palais du
Grand-Jardin ; c'est une fort curieuse collection de
débris de toutes sortes. Entre autres choses fort rares,
on y voit deux parements d'autels en étoffes brodées
des XIIIe et XIVe siècles. L'un d'eux, qui représente le
couronnement de la Vierge, me paraît être une œuvre
française ; c'est le plus bel exemple que je connaisse
de broderie du commencement du XIVe siècle et
parfaitement conservé. On voit aussi, dans ce musée,
un crucifiement en bois dont les figures sont plus
grandes que nature et qui date du commencement
du XIIIe siècle. Ces statues sont complétement peintes,
et d'un beau style, quoique déjà empreint de l'affé-
terie allemande. On m'assure que le musée de peinture doit être emménagé dans un local neuf ; cela est
à souhaiter, car jamais je n'ai vu, si ce n'est en Angleterre, pareil mélange de médiocrités et de chefs-
d'œuvre, de tableaux authentiques et d'œuvres
douteuses. Les conservateurs ont, à Dresde, une singulière habitude : sous le prétexte de conserver la

peinture à l'huile, ils ont placé tous les chefs-d'œuvre qu'ils possèdent sous glace; or il n'est pas besoin d'être fort expérimenté en fait de conservation de peinture à l'huile, ni chimiste très-compétent, pour savoir que la peinture à l'huile privée d'air se détériore et noircit rapidement; en effet, dans la galerie de Dresde, les Flamands, par exemple, qui d'ordinaire sont parfaitement purs de tons, deviennent couleur d'ardoise, les blancs ont noirci et tous les dessous repoussent. Les célèbres Corrèges de cette galerie sont également exposés sous glace. Il paraîtrait que des observations ont été adressées à ce sujet à MM. les conservateurs. Mais le Saxon est naturellement tenace; les glaces ne seront pas enlevées, à moins cependant que les tableaux qu'elles gâtent ne deviennent complétement noirs.

Ce que je dis ici ne m'empêche pas de rendre un hommage éclatant aux gouvernements allemands; leur amour pour les arts, les sacrifices qu'ils font pour enrichir leurs collections et pour les conserver, m'inspirent un profond respect. Dans ces deux petits royaumes de Saxe et de Bavière entre autres, les derniers souverains ont fait des efforts immenses pour répandre le goût des belles choses parmi les populations... Ont-ils réussi?...

Cette question me rappelle une conversation que nous eûmes dernièrement en chemin de fer avec un Berlinois. Ce Berlinois, nous ayant entendu discuter sur les arts de l'Allemagne, nous demanda, en bon français, si nous étions satisfaits de ce que nous avions vu en Autriche, en Bavière et en Saxe. Nous lui exprimâmes franchement notre opinion sur les monuments, les peintures, les musées... « Vous autres

Français, nous dit-il, vous ne connaissez pas l'Allemagne ; les quelques écrivains qui ont voulu se mêler
d'écrire sur les arts de notre pays n'y entendent rien;
car les gens de lettres, chez vous, ne sont pas artistes,
et vos artistes n'écrivent pas ; ce n'est pas en passant
un mois sur les chemins de fer allemands que l'on
peut prendre une idée de ce que nous possédons et
des qualités qui distinguent nos artistes tant anciens
que modernes.» Nous nous empressâmes de répondre
que nous ne prétendions pas juger, mais lui faire part
d'impressions toutes personnelles. «Bon ; j'ai voyagé,
ajouta-t-il, pendant dix ans en France, et je puis dire
que je connais assez bien ce pays, que j'ai vu la plupart de vos beaux monuments, vos musées, et plusieurs expositions remarquables ; or vous êtes certainement la nation de l'Europe qui présente l'unité
politique et administrative la plus parfaite, mais, en
revanche, il serait impossible de définir les arts
français ; c'est, depuis la fin du dernier siècle, le
chaos, la diffusion, la réunion la plus hétérogène
d'éléments disparates. Quand vous étiez divisés en
provinces, dissemblables par leurs coutumes, leur
langage et leur gouvernement, vous aviez un art, où,
si vous l'aimez mieux, une école ; aujourd'hui que
toute la France pense, vit, agit sous une seule inspiration, vous avez autant d'écoles que d'artistes ; si
bien que l'étranger qui passe une année à visiter vos
édifices, vos théâtres et vos musées, ne saurait em-
porter de chez vous une idée, même vague, de ce
qu'est l'art français en architecture, musique, sculpture ou peinture. Votre pays fourmille d'hommes de
talent, de génie même si vous voulez, et vous n'avez
pas d'art à vous. Tout artiste qui meurt emporte ses

secrets avec lui. Vous avez enfin fait litière des traditions, et lorsqu'on sort de chez vous, il semble qu'on
vient d'entendre discourir des gens qui parleraient
chacun une langue différente.

« En Allemagne, nos artistes ne possèdent ni votre
facilité, ni votre aptitude, ni votre intelligence du
vrai et du beau ; mais ils ont un avantage sur les
vôtres, ils sont Allemands, sont compris de la foule,
agissent sur elle, parlent la langue de tous, et pénètrent dans toutes les classes. Si votre architecte français est plus savant et plus habile que notre architecte
allemand, notre petit bourgeois d'une de nos plus
petites villes aura plus de déférence pour cet artiste,
que n'en aura votre bourgeois pour l'artiste français. Pourquoi? est-ce parce que notre bourgeois aura
reçu une éducation plus libérale? Non... c'est que les
architectes allemands agissent d'après les mêmes principes depuis plusieurs siècles et que chacun d'eux n'a
pas la prétention d'être chef d'école, qu'il conserve la
tradition. Il est compris parce qu'il continué son art
national ; il le perfectionne s'il sort du vulgaire.—
Il nous semble cependant, qu'à Munich par exemple,
les architectes non plus que les peintres n'ont guère
suivi la tradition allemande. Les uns ont voulu faire
du grec, d'autres du bysantin, du florentin, du gothique, de la renaissance italienne?— D'accord, mais
ce n'est pas là une œuvre allemande, c'est la fantaisie
d'un souverain ; aussi les Bavarois ne comprennent
rien à tout cela, et vous ne rencontrez un chat ni dans
la glyptothèque, ni dans la pinacothèque, ni dans la
bibliothèque, ni dans les galeries du palais. La rue
Saint-Louis de Munich est un désert où l'on ne voit
que des étrangers ; l'habitant de Munich vit dans sa

vieille ville, et ne se soucie que médiocrement de ses monuments de marbre et de plâtre, qui sont là pour la montre, et qui tomberont en ruine dans vingt ans d'ici parce que personne ne voudra les relever. » — (N'oubliez pas, mon cher confrère, que c'est un Berlinois qui parle ainsi.) — « Mais enfin, dit l'un de nous, le but de l'art n'est pas cependant de se traîner éternellement dans la même ornière, car on arrive ainsi à la décadence, à l'épuisement. Si en France nous sommes en pleine anarchie en fait d'art, c'est un état transitoire ; il sortira de là, probablement, une doctrine, un enseignement, une nouvelle souche qui produira des fruits sains ; laissez-nous le temps ; qu'est-ce qu'un demi-siècle dans la vie d'un peuple ? — Bien, bien, mais l'anarchie n'a jamais rien produit dans l'histoire des arts, pas plus que dans la politique : l'anarchie s'épuise d'elle-même, elle fait des efforts immenses pour ne laisser que des débris informes ; plus l'anarchie dépense de sève et plus vite elle frappe de stérilité la terre qui la porte. Elle habitue les hommes à mépriser aujourd'hui ce qu'ils admiraient hier, elle mène au scepticisme, et un peuple sceptique a bientôt perdu le sentiment des arts. Plus vos artistes déploient de talent chacun de son côté, en suivant des routes opposées, plus ils se ruinent réciproquement et ruinent l'amour pour les arts dans l'esprit des populations. Quand des architectes ou des sculpteurs en sont venus dans un pays à faire du *gothique* pour celui qui demande du gothique, et du *grec* pour celui qui demande du grec, vous me permettrez de dire que dans ce pays-là il n'y a plus d'art, il n'y a plus que des artisans plus ou moins habiles, et même des artisans qui ne peuvent avoir foi en leur œuvre. Ma qualité d'étranger, de spectateur par conséquent, m'a permis peut-être d'apprécier l'état des arts chez vous. En France, on tolère, on craint ou on protège les artistes, mais on ne les aime pas; ils sont à l'état d'antagonisme, continuel avec l'esprit-public; ceux qui parviennent à se faire un nom, arrivent à la renommée soit en s'isolant et forçant, pour ainsi dire, l'opinion à les suivre après des luttes dans lesquelles souvent ils s'épuisent, soit en se faisant les complaisants de la mode du jour et flattant tous les instincts vulgaires; cet état de choses ne constitue pas un art national. — Vous n'ignorez pas qu'en France il s'est produit depuis quelques années une réaction en faveur des arts nés et développés sur le sol français, que cette réaction a rallié autour d'elle quelques artistes convaincus, qu'elle recommande l'étude des principes éternellement vrais de l'art, qu'elle les développe et les enseigne? — Je sais tout cela, je sais même que ces artistes, sincères, je vous l'accorde, convaincus de l'infaillibilité des principes qu'ils croient avoir remis en lumière, jouissent d'une certaine vogue; mais leur réunion ne dépasse pas les proportions d'une coterie. Dans cinq ans, ils ennuieront mortellement tout le monde; leurs adeptes comme les amateurs, et en France tout ce qui ennuie est condamné sans appel. Vous verrez démolir les clochetons gothiques, les maisons à tourelles et les créneaux en carton des châteaux en style *moyen âge*, comme vous avez vu démolir les cariatides grecques en plâtre, les colonnes Pestum et les cafés égyptiens du Directoire. Des principes dont vous parlez il ne restera qu'un doute de plus, une nouvelle négation ajoutée à tant d'autres chez vous depuis cinquante

ans ; vous aurez usé cette dernière forme ; personne
n'en voudra plus entendre parler.—Cependant des
principes vrais il reste toujours quelque chose à quoi
l'on peut se rattacher ; en admettant que la forme
s'use, passe de mode, comme on dit en France, un
principe exprimé, vulgarisé est toujours un principe.
—Vous voilà bien, comme vous êtes tous en France :
vous croyez aux principes abstraction faite de la
forme ; qu'est-ce qu'un principe dans les arts sans la
forme qui l'enveloppe ? qu'est-ce qu'une âme sans son
corps ? c'est la mort. Croyez-vous que les artistes qui
faisaient des maisons grecques ou égyptiennes en
1800, à Paris, n'avaient pas des principes qu'ils re-
gardaient comme infaillibles, propres à régénérer les
arts pourris du dernier siècle ? Eux aussi étaient convaincus ; le jour où le public s'est ennuyé des bou-
doirs imités de Pompéïa et des hiéroglyphes gravés
sur les pendules, on les a mis à la porte avec leurs
principes, et vous les avez appelés des ganaches.—Si
l'on s'est permis de leur appliquer cette épithète, ce
n'est pas à cause de leurs principes, mais c'est probablement parce qu'ils adoptaient une forme qui n'était
pas en harmonie avec les mœurs de leur temps, et
que les principes en vertu desquels ils produisaient
étaient faux par conséquent, en admettant qu'ils eussent des principes définis, ce dont nous ne sommes
pas certains, tant s'en faut.—Je connais tous les arguments de l'école actuelle, qui prétend reprendre le
vieil art français pour l'approprier aux temps modernes, et je ne nie pas la force apparente de ces
arguments ; je vous avoue même que, comme homme
du Nord, cette école a toute ma sympathie ; ainsi
vous n'avez pas besoin de la défendre auprès de moi ;

mais, croyez-moi, il est bien tard et le mal est bien profond. Ceux qui feront croire à un art, je dis *un art*, chez vous maintenant, feront un miracle ; or pour communiquer la foi, il faut la posséder soi-même ; eh bien, dites-moi, pensez-vous qu'il y ait beaucoup d'artistes parmi ceux qui exploitent la veine du moyen âge aujourd'hui en France, ayant la foi, croyant fermement à l'art qu'ils préfèrent? Vous êtes, de l'autre côté du Rhin, merveilleusement habiles pour exprimer les choses auxquelles vous ne croyez pas du tout. Sans mettre en doute la bonne foi de quelques-uns de vos artistes rénovateurs des principes de l'art du moyen âge, je crains qu'ils ne soient entourés bientôt, pour peu qu'ils obtiennent quelques succès, de toute cette gent exploitante qui étouffe chez vous les esprits sincères. Vous n'avez pas, que je sache, d'écoles ouvertes ; l'enseignement professé à l'école des Beaux-Arts, soutenue par l'État, est opposée aux idées, aux principes et aux tendances de ces rénovateurs ; vous n'êtes même pas certains de la sympathie publique, élément qui vous soutiendrait si vous étiez en Allemagne ou en Angleterre. Les gens du monde, en France, aiment les arts comme les femmes aiment les diamants, pour les montrer en public, mais non pour s'en parer dans l'intimité...... affaire de vanité, non de goût, encore moins de conviction. Votre clergé catholique est anti-artiste, vous le gênez, et s'il aide au mouvement de rénovation, ce n'est qu'avec défiance. Vos principes d'art ne font pas son affaire, car il craint les convictions, et sait toute la valeur du *non possumus*. Vous ennuyez les gens d'argent, qui sont tous plus ou moins *fantaisistes;* les fortunes sont d'ail-

leurs chez vous entre les mains des enrichis bien
plus qu'entre celles des anciennes familles : or les
enrichis veulent paraître ; ce qu'ils cherchent, c'est
le luxe à bon marché plutôt que le vrai et le durable.
Vous n'avez qu'une classe en France qui vous com-
prendra et vous suivra peut-être avec quelque dé-
vouement, c'est celle des artisans et des ouvriers,
qui chez vous ont l'esprit plus actif que chez nous,
aiment à vaincre les difficultés et conservent quelque
chose de l'ancien esprit populaire du moyen âge.
Mais pour combattre l'indifférence ou la routine et
faire pousser des rejetons vivaces à ces vieilles sou-
ches des arts français, il faut supposer que vos artistes
rénovateurs joindront une grande activité au désin-
téressement le plus pur, qu'ils seront assez nombreux
pour réunir en peu de temps un épais bataillon de
prosélytes et d'artisans, assez prudents pour ne frois-
ser ni les intérêts ni les positions acquises, contre
lesquels il faudra nécessairement se heurter. Con-
naissant l'esprit mobile de vos compatriotes, je doute
que vous trouviez, chez des artistes, cette persistance,
cet amour profond de l'art, cette foi enfin qui sont
nécessaires pour faire réussir une semblable entreprise. Ces efforts feront surgir des travaux remarquables, c'est possible, mais comme tant d'autres ils
viendront se perdre dans l'indifférence générale pour
tout ce qui touche aux arts chez vous.... Ce qui manque
à vos artistes, c'est la tenue... Peut-être ont-ils l'imagination trop vive... Lorsqu'ils entrevoient une route
nouvelle, ils prennent leur course, sans trop regarder ce qu'il y a sur ses bords et arrivent bientôt au
bout; alors ne sachant plus où se diriger, il faut qu'ils
reviennent sur leurs pas ; grâce à votre facilité, vous

produisez ainsi parfois des œuvres surprenantes,
mais vous ne jetez pas les fondements d'un art; ces
œuvres sont toutes personnelles, ne se rattachent ni
à ce qui est avant, ni à ce qui viendra après. Aucun
de vous ne prend le temps de formuler son art; vos
jeunes gens, qui voient ainsi les maîtres marcher au
pas de course sans regarder autour d'eux, veulent les
imiter, et la plupart se cassent le cou avant d'atteindre
le but. C'est ce qui est advenu à l'école que vous ap-
peliez *romantique* il y a vingt ans Certainement il y
avait du bon dans ce mouvement; mais les *roman-
tiques* ont passé si vite qu'à peine ont-ils laissé la trace
de leurs pas; la réaction a surgi brusquement comme
l'action, et on n'a pu profiter des quelques bonnes
idées des novateurs..... Vous allez trop vite; vous ne
prenez pas le temps d'enseigner, c'est-à-dire de faire
pénétrer les progrès et les études que chacun de
vous fait isolément dans l'esprit de la jeunesse qui
vous suit, et surtout dans l'esprit du public que vous
déroutez sans cesse, qui finit par se blaser sur ces
brusques revirements, et, n'ayant d'ailleurs pas le
loisir de vous suivre, ne cherche même plus à vous
comprendre. Chaque génération d'artistes, chez vous,
au lieu de profiter des efforts et des travaux de celle
qui la précède, est obligée de recommencer sur de
nouvelles bases. En Allemagne, nos artistes, sans avoir
peut-être reçu les dons précieux que Dieu a prodigués
aux vôtres, ne vont pas ainsi à l'aventure; nous avons
des traditions qui ne se perdent pas; nous ne connais-
sons pas ce que vous appelez l'*engouement*; nous
respectons notre passé et nous y puisons perpétuelle-
ment sans rétrograder pour cela; au contraire, nous
montons ainsi quelques échelons de plus sur la même

échelle, et ne la brisons pas comme vous faites pour
en reprendre une nouvelle. Si nous arrivons un jour
à la décadence, ce qui est possible, puisque tout périt,
nous n'y arriverons que lentement et par le cours
naturel des choses de ce monde, mais non brusquement. L'industrie, les tendances matérielles de notre
siècle ont même donné à nos arts une nouvelle impulsion ; nos arts s'associent à ces besoins nouveaux,
parce que nos arts ont eu le temps de pénétrer partout,
ne deviennent pas et ne sont pas une mode variable,
une fantaisie ou un luxe. Chez vous il est à craindre
que le mouvement du siècle vers la satisfaction des
intérêts matériels ne vienne à étouffer en quelques
années le sentiment des arts ; car, je le répète, vous
avez des artistes, non un art, et les individus ne sont
jamais assez forts pour arrêter les tendances de toute
une civilisation. Et si jamais en France l'art est
étouffé par l'industrie, sous les intérêts matériels,
vous tomberez bientôt dans la barbarie. Ah ! si nous
avions en Allemagne l'adresse et l'étonnante facilité
qui distinguent vos artistes, quelle belle route nous
suivrions ! Nous avons commencé nos études sur le
moyen âge bien avant vous, je puis dire même que
nous ne les avons jamais complétement abandonnées ;
et vous, après avoir méprisé pendant des siècles ces
arts qui sont une des gloires de l'Occident, en moins
de vingt ans vous nous avez atteints et même dépassés
dans la connaissance de ces arts. Je souhaite que ces
études si brillantes et si rapides aboutissent à un
résultat pratique ; mais, en vérité, je ne l'espère
pas. »

Nous étions arrivés à Mayence, d'où je vous en-
voie cette lettre, ma dernière probablement, car

le Rhin vous est connu, et je n'aurais rien à vous apprendre sur les grands monuments que nous allons visiter.

Votre bien affectionné.

E. VIOLLET-LE-DUC.

Paris.—Imprimé chez Bonaventure et Ducessois
55, quai des Augustins.

OUVRAGES
DE M. VIOLLET-LE-DUC.

DICTIONNAIRE RAISONNÉ DE L'ARCHITECTURE
FRANÇAISE DU XIe AU XVIe SIÈCLE.

Illustré de vignettes gravées sur bois sur les dessins de l'auteur.

Prix de la livraison de 16 pages de texte et de 20 à 25 gravures, 60 c.; par la poste, 70 c.

En vente le premier volume, prix 21 fr.; par la poste, 24 fr.

Le deuxième volume, prix 24 fr.; par la poste, 27 fr.

Edition de luxe sur jésus, grand in-8°, tirée à cent exemplaires et numérotée de 1 à 100, prix de la livraison, 1 fr. 20.

DICTIONNAIRE DU MOBILIER FRANÇAIS
DE L'ÉPOQUE CARLOVINGIENNE A LA RENAISSANCE.

Des planches gravées sur acier, des chromo-lithographies et des dessins sur bois, intercalés dans le texte, accompagneront les explications données sur chaque mot. Toutes les gravures sont exécutées sur les dessins de l'auteur ou sous sa direction.

Prix de la livraison, 1 fr. 50 ; et par la poste, 1 fr. 65.

Edition de luxe sur jésus, grand in-8°, tirée à cent exemplaires numérotés de 1 à 100. Prix de la livraison, 2 fr. 50, et par la poste, 2 fr. 70.

ESSAI SUR L'ARCHITECTURE MILITAIRE
AU MOYEN AGE.

Un volume grand in-8° jésus de 250 pages environ, illustré de 153 gravures sur bois intercalées dans le texte. Ouvrage tiré à 500 exemplaires. Prix de ce volume, 25 fr.

DESCRIPTION DE NOTRE-DAME

CATHÉDRALE DE PARIS.

Par MM. de Guilhermy et Viollet-le-Duc. 1 vol. in-12 illustré de 5 vignettes gravées sur bois et imprimées à part. Prix, broché, 3 fr.

Edition de luxe in-8°, 5 fr.

DESCRIPTION ARCHÉOLOGIQUE DES MONUMENTS DE PARIS

Par M. de Guilhermy. 1 vol. in-12 de 400 pages, illustré de 15 gravures sur acier, de 22 vignettes gravées sur bois d'après M. Fichot, et d'un plan de Paris gravé sur acier d'après M. Roquet, architecte. Prix, 6 fr.

En préparation.

LA SAINTE CHAPELLE DE PARIS, Ouvrage représenté géométralement par des gravures sur acier, d'après les dessins de M. Lassus ; les peintures décoratives, restauration de M. Duban, seront imprimées par la chromo-lithographie.

EXEMPLES DE DÉCORATION appliqués à l'architecture et à la peinture, depuis l'antiquité jusqu'à nos jours, réunis par Léon Gaucherel, dessinateur et graveur.

LE CATALOGUE d'Ouvrages sur l'Architecture, la Sculpture, la Peinture, etc., est envoyé à toutes les personnes qui en font la demande franco.

Paris.—Imprimé chez Bonaventure et Ducessois, 55. quai des Augustins.

CPSIA information can be obtained
at www.ICGtesting.com
Printed in the USA
BVHW061542180219
540525BV00013B/602/P